Liberdade Religiosa e Discurso de Ódio

Liberdade Religiosa e Discurso de Ódio

2023

Ricardo Jorge Medeiros Tenório

ALMEDINA

LIBERDADE RELIGIOSA E DISCURSO DE ÓDIO

AUTOR: Ricardo Jorge Medeiros Tenório

DIRETOR ALMEDINA BRASIL: Rodrigo Mentz
EDITORA JURÍDICA: Manuella Santos de Castro
EDITOR DE DESENVOLVIMENTO: Aurélio Cesar Nogueira
ASSISTENTES EDITORIAIS: Larissa Nogueira e Rafael Fulanetti
ESTAGIÁRIA DE PRODUÇÃO: Laura Roberti

DIAGRAMAÇÃO: Almedina
DESIGN DE CAPA: FBA

ISBN: 786556278001
Abril, 2023

Dados Internacionais de Catalogação na Publicação (CIP)
(Câmara Brasileira do Livro, SP, Brasil)

Tenório, Ricardo Jorge Medeiros
Liberdade religiosa e discurso de ódio /
Ricardo Jorge Medeiros Tenório. – 1. ed. –
São Paulo : Almedina, 2023.

Bibliografia.
ISBN 978-65-5627-800-1

1. Crimes contra a religião 2. Discurso de
ódio 3. Discurso de ódio na Internet – Legislação –
Disposições penais 3. Direitos fundamentais
Brasil 4. Liberdade de expressão 5. Liberdade
religiosa – Brasil I. Título.

23-143613 CDU-34:007

Índices para catálogo sistemático:

1. Discurso de ódio : Redes sociais : Sociedade da
Informação : Direito 34:007

Aline Graziele Benitez – Bibliotecária – CRB-1/3129

Este livro segue as regras do novo Acordo Ortográfico da Língua Portuguesa (1990).

EDITORA: Almedina Brasil
Rua José Maria Lisboa, 860, Conj.131 e 132, Jardim Paulista | 01423-001 São Paulo | Brasil
editora@almedina.com.br
www.almedina.com.br

Para minha mãe, Vera Marta, exemplo de fé, amor, caráter, humildade, determinação, esforço, luta e alegria.

AGRADECIMENTOS

Agradeço à Universidade Federal de Pernambuco, especificamente ao Programa de Pós-graduação em Direitos Humanos – PPGDH, e a todos os professores e professoras que integram o corpo docente.

Agradeço a todos os amigos e professores que de alguma forma me ajudaram na elaboração do projeto, na pesquisa e na dissertação, que foram: Professor Bruno Galindo, Tieta, Brivaldo, Luciana, Amanda e Marinella.

Agradeço à Professora Maria José e ao Professor Guiseppe Tosi, que gentilmente participaram do seminário de dissertação e do seminário de qualificação, contribuindo com importantes críticas e sugestões para a melhoria da pesquisa e do texto.

Agradeço ao meu orientador, Professor Artur Stamford da Silva pelas conversas, orientações, críticas, sugestões e ajuda durante todo o mestrado. Especialmente pelo incentivo na continuidade da pesquisa durante a pandemia da Covid-19. Artur é um professor de verdade, dedicado ao ensino e à pesquisa, aberto ao diálogo, tolerante e motivador.

Agradeço ao meu amor, Pollyanna Leite, companheira que me ajudou em todos os aspectos, suportando-me durante o mestrado, fazendo o possível para aliviar as tensões e compreendendo as muitas horas diárias dedicadas ao mestrado e, por conseguinte, as muitas ausências e omissões de minha parte no relacionamento e em nossa vida social.

Agradeço aos familiares e amigos que me incentivaram a iniciar na pesquisa acadêmica e me apoiaram no transcorrer do mestrado.

Por fim, e não menos importante, agradeço a minha mãe, Vera Marta de Medeiros Maia, que sempre lutou e deu o máximo de si para que eu estudasse e me desenvolvesse como pessoa, cidadão, profissional, amigo, filho, marido e irmão. Seu exemplo de humildade, amor, dedicação, foco, determinação, esperança e fé foram, são e serão meus alicerces.

APRESENTAÇÃO

Há temas que quanto mais se pesquisa mais pesquisas requer. Ódio é um deles, principalmente quanto assistimos sua forte presença constantemente na história da humanidade, ao ponto de se duvidar do amor como elemento próprio do ser humano. Ódio, portanto, sequer conta com a hipótese de eterno retorno, ele é sempre presente. Mais, a sua capacidade de gerar e justificar violências é proporcional à capacidade do ser humano defender a violência física, moral e psicológica como via para a sociedade justa, como ocorre quando se fala em dignidade humana. Ódio evoca o que de irracional integra o racional humano, como a guerra pela paz. Afinal, a história humana não conta com um único registro de guerra que tenha patrocinado justiça e dignidade humana.

Os tratados internacionais que compuseram a Paz de Vestifália, em 1648, só para lembrar um exemplo, representam o quanto a via da guerra não resolve conflitos, portanto ódio move mais violência, jamais pacífica o ser humano. Ainda que haja os que consideram a paz de Vestifália como o terrível mal da humanidade, não se pode negar que ela pôs fim às razões religiosas como motivação de guerras, portanto, a religião jamais patrocinou integração, mas sim violência, principalmente quando vivenciamos as pretensões de uma religião se impor como única possível[1].

[1] Sobre o tema, conferir: HERRERO SÁNCHEZ, Manuel. El Congreso de Westfalia y la paz bilateral de Münster entre la monarquía hispánica y las provincias unidas. In: José Ignacio Fortea Pérez, Juan Eloy Gelabert González, Roberto López Vela, Elena Postigo Castellanos (Coordinadores). Linajes y noblezas en la articulación de la monarquía hispânica. Madrid: Fundación Española de Historia Moderna – Universidad de Cantabria. Madrid, 2020. p. 87-128.

Liberdade Religiosa e Discurso de Ódio, de Ricardo Jorge Medeiros Tenório, agrega ao debate a necessária reflexão sobre o discurso de ódio e o proselitismo religioso em decisões judiciárias, abordagem não explorada na literatura. Se o direito se inscreve como campo, discurso, espaço social, sistema da sociedade, nele se constituem os elementos formadores do sentido de determinado direito. Se é assim, o direito constrói informações capazes de viabilizar decisões jurídicas, quero dizer, o direito forma um conhecimento que promove expectativas sobre algo. No caso da pesquisa de Ricardo Tenório, trata-se de pesquisar expectativas sobre o sentido de religião, de discurso de ódio, de proselitismo religioso, afinal, quando uma situação social é lícita ou ilícita segundo o direito quanto ao ódio? A pesquisa se ocupou em verificar se há, nas decisões do STF elementos que permitam se saber como distinguir proselitismo religioso de discurso de ódio.

Os dados foram analisados a partir do parâmetro trifásico de Norberto Bobbio, para quem, para se falar em discriminação, é preciso identificar a presença de um juízo de fato; um juízo de valor; uma dominação, exploração, escravização ou eliminação de outro grupo.

Ricardo Tenório promove ao leitor excursões sobre as tentativas de se diferenciar liberdade de expressão, liberdade de crença e discurso de ódio. Para parte das questões: Há critérios de identificação do discurso religioso proselitista? É possível construir uma demarcação entre o discurso religioso e o discurso de ódio? O parâmetro utilizado pelo STF é homogêneo e adequado para a resolução desse conflito?

Essas questões indicam os caminhos de Ricardo. Inicialmente lida com a literatura para verificar as buscas por definições. Em seguida, busca identificar parâmetros presentes em decisões do STF. Quanto ao primeiro caminho, vai da identificação do que é religião, à distinção entre religião e seita, quando então problematiza o direito fundamental à liberdade religiosa e a criminalização de grupos não religiosos, os que seriam tomados por seitas. Aborda a questão da liberdade, quando pretende estabelecer uma diferenciação entre liberdade religiosa e liberdade de expressão religiosa.

Ao tratar da religião na constituição federal brasileira, o autor explora a dogmática atual, apresentando ao leitor, como se pode ler nos quadros esclarecedores do debate atual, a importância do tema. Como escreve o autor às páginas 47: "as muitas situações fáticas e jurídicas demonstram a grande relevância da liberdade religiosa e de seu impacto social, individual, organizacional e político. A construção de um país caracterizado pela pluralidade de crenças, pela tolerância, e harmonia social depende da compreensão das muitas facetas da liberdade religiosa".

O ponto passa a ser como diferenciar liberdade religiosa de discurso de ódio. Como verifica ao autor, há diversas propostas de critérios norteadores dessa diferenciação, como registra com as ideias de Clarissa Piterman Gross, Luís Roberto Barroso, a matriz de variáveis proposta por Fabrício Vasconcelos Gomes, João Pedro Favaretto Salvador, Victor Nóbrega Luccas, bem como as ideias de Flávio Augusto Barreto Medrado, baseado nas seis formas de preconceitos de Joel Feinberg.

Quanto à base teórica aplicada para analisar excertos das decisões do STF no RHC 134.682/BA e no RHC146.303/RJ, o autor recorre às ideias de Norberto Bobbio relativas à tolerância e discriminação, portanto, quando Bobbio distingue tolerância por razão de crença de tolerância por razão de distinção física ou social, o que conduz à inclusão da questão social da liberdade, conceito presente na expressão liberdade religiosa, constante na dissertação. Os elementos teóricos estão pautados no teor do livro "O elogio da serenidade e outros escritos morais" de Bobbio.

No caso do RHC 134.682/BA, trata-se de ação movida pelo Centro Espírita contra Padre, Sacerdote da Igreja Católica Apostólica Romana, autor do livro "Sim, Sim, Não, Não Reflexões de cura e libertação", livro que está em sua 103ª edição, publicada em 2015, tendo vendidos mais de 450 mil exemplares. A acusação é que o livro promove discriminação religiosa. O Ministério Público da Bahia recebeu a denúncia e protocolou ação considerando haver incursão no art. 4º, Inciso VIII, da Constituição Federal c/c Art. 20, § 2º, da Lei No. 7.716/89. Norteia a decisão o voto do Ministro Edson Fachin, Relator, no qual há expressa referência à teoria de Norberto Bobbio. Resulta o caso no trancamento da ação penal.

No caso do RHC146.303/RJ, O Ministério Público do Estado do Rio de Janeiro oferece denúncia conta THL, Pastor de Igreja Evangélica, incurso no Art. 20, § 2º, da Lei No. 7.716/89. Neste caso, o voto do Relator Ministro Edson Fachin, não norteou a decisão, pois os demais integrantes votaram pela admissão de discurso de ódio e não trancamento da ação penal.

A dissertação segue com a análise, como se encontra no capítulo seis deste livro. Inicia pela dogmática jurídica, ainda que cita autores da teoria geral do direito não notadamente dogmáticos, lida com a diferenciação entre teoria constitucional e dogmática constitucional para apresentar a distinção trazida por Laurentis. Apresenta Bobbio e suas perspectiva de tolerância, discriminação e preconceito como elementos ao discurso de ódio. Com esses elementos, avalia as decisões do STF.

A conclusão do autor é que discurso religioso, proselitismo religioso, discurso de ódio, discriminação, liberdade religiosa devem ser expressões tratadas, como fez o Ministro Edson Fachin, recorrendo aos três estágio analíticos propostos por Norberto Bobbio.

O livro é uma contribuição para o debate jurídico, sociológico e teológico, afinal, não há liberdade plena e ilimitada.

Boa leitura!

ARTUR STAMFORD DA SILVA
(Professor Titular de Sociologia do Direito da Universidade Federal de Pernambuco. Pesquisador 1D pelo CNPq. Coordenador do Moinho Jurídico. Sócio Fundador da ABraSD (Associação Brasileira de Pesquisadores em Sociologia do Direito) e da RELASSC (Rede Latino Americana de Sistemas Sociales y Complejidad).

PREFÁCIO

A presente lança seus olhares sobre a liberdade religiosa, tratando de apurar se o discurso religioso proselitista, no Brasil, estaria, em toda sua extensão, abarcado pela liberdade religiosa ou se pode ser, sob certas circunstâncias, enfrentando pelo Estado como discurso de ódio e, portanto, sofrer as respectivas consequências em seu domínio e no seu exercício. As conclusões alcançadas por Ricardo Jorge Medeiros Tenório são apresentadas após uma ampla discussão conceitual.

Conceitualmente falando, proselitismo religioso é o discurso que pretende converter membros de outras religiões, ou, mais especificamente, produzir prosélitos (novos adeptos de uma determinada religião), sendo aspecto absolutamente essencial para poder falar-se, rigorosamente, em liberdade religiosa nos Estados Constitucionais que a adotam. Trata-se, certamente, de um direito fundamental.

A liberdade religiosa, como não poderia deixar de ser, é a pedra de toque desta obra. Como sabemos, encontra-se contemplada expressamente na Constituição do Brasil de 1988, em seu art. 5°, VI, ao consagrar os direitos fundamentais à liberdade de consciência e à liberdade de crença. É ela, em um primeiro momento, direito fundamental que se erige contra o Estado, ou seja, um direito fundamental com *status* negativo, a impedir, por exemplo, o desrespeito ou cerceamento ao exercício de qualquer religião e a perseguição de certas religiões ou dos praticantes dessas religiões, com base exclusiva na religião que propagam.

Ademais, a liberdade religiosa alberga a crença em um determinado sistema de valores. Desta feita, a opção de um individuo por uma religião ou dogma pode implicar o dever (religioso) de cumprir tais dogmas e os rituais que os acompanhem.

Mais ainda, a Constituição também garante a liberdade de *expressão* religiosa ou de crença, ou seja, o direito de cada religioso professorar a sua convicção e, inclusive, *professorar para converter* terceiros a sua fé. Esse aspecto se torna mais relevante quando tratamos das religiões de caráter universalista, tal como o cristianismo em sua versão católica, que tem como uma de suas características a pretensão de persuadir os integrantes de outras religiões a se converterem a sua crença, inclusive por meio dos *discursos (de conversão) que negam a validade das outras correntes.*

A relação entre religiões de caráter universal e o discurso religioso proselitista foi muito bem explorada pelo autor nesta obra, acentuando, de maneira firme, que: "Em certo sentido, e considerando o proselitismo religioso como elemento da liberdade religiosa, a existência de discórdia entre grupos religiosos deve ser vista como normal e natural, desde que não haja violência física ou incitação à prática de violência física.". Trata-se de considerar o conflito de valores como inevitável à realização ampla da liberdade religiosa dentro de um Estado Constitucional. Portanto, a discórdia, em si mesma considerada, não há de surpreender nem causar temor, e estará acobertada pelo direito fundamental, desde que seja realizada por meios pacíficos, sem uso da violência, física, verbal ou moral.

Mas ainda ficamos com a necessidade de conhecer os limites (conceituais e/ou normativos) da prática dessa discórdia decorrente do proselitismo religioso. Nesse sentido, o autor, com rigor acadêmico, trabalha os conceitos de "secularismo", "laicidade", e, principalmente, de "discurso de ódio" para, a partir desse marco, analisar criticamente os casos do RHC 134.682/BA e do RHC 146.303/RJ, julgados pelo STF.

Assim, o simples fato de um grupo se proclamar superior ao outro – prática comum em discursos de religiosos quando se visa angariar fiéis – não configurará um discurso discriminatório, sendo essencial percorrer os critérios científicos adotados e elucidados pelo autor.

É com base nesse método que o autor repassa criticamente os casos do RHC 134.682/BA e do RHC 146.303/RJ, ambos de relatoria do Ministro Edson Fachin, que também se valeu, em ambos os casos, do critério cunhado por Norberto Bobbio.

Contudo, percebe o autor que há uma dificuldade por parte do STF em delimitar o discurso de ódio em face do proselitismo religioso. E apenas no voto do Ministro Edson Fachin ter-se-ia, de forma clara, essa distinção e os conceitos de "liberdade religiosa, proselitismo religioso, tolerância, discriminação."

O autor bem define os limites do direito fundamental ao discurso religioso proselitista para ressaltar que ele não se confunde com o discurso de ódio. São as peculiaridades do fenômeno religioso, também exploradas pelo autor, diferenciam o discurso proselitista de outras espécies de discursos.

Merecem aplausos a obra e seu autor, o Professor Ricardo Jorge Medeiros, ao elaborar trabalho de perfil técnico, mas crítico, oferecendo-nos, pois, ensinamentos que auxiliam na aprimoração da tutela da liberdade religiosa pelos Tribunais, bem como confeccionando importante aporte teórico aos juristas que desejam se aprofundar nessa temática.

ANDRÉ RAMOS TAVARES
Ministro do Tribunal Superior Eleitoral e Professor Titular da Faculdade de Direito do Largo de São Francisco – USP e Professor da PUC/SP.

SUMÁRIO

1.
INTRODUÇÃO

A religião é como uma droga que aliena as pessoas da realidade; é um instrumento de dominação e de poder, utilizado com finalidades duvidosas. Os líderes religiosos são em sua grande maioria corruptos, charlatões, enganadores, preocupados com o dinheiro e o poder, e se aproveitam da fragilidade humana para obter seus fins não tão caridosos. As pessoas religiosas são fanáticas, pré-iluministas, retrógradas, atrasadas e obscurantistas. São pessoas com pouca inteligência que se deixam enganar por qualquer novo mito ou história fantasiosa. Os templos, as igrejas, os terreiros, os locais de culto, de encontros e os santuários, são todos lugares que perturbam a vizinhança, verdadeiros pontos de distúrbio social e disseminação de preconceitos, e interessados apenas em angariar dinheiro. A religião dizimou milhares de pessoas em toda a história e continua hoje sendo motivação para fanáticos e intolerantes lutarem contra a civilidade e os valores da cidadania e da democracia. Felizmente, a racionalidade venceu, destituindo a religião do centro de poder e colocando-a em seu devido lugar, que é a irrelevância pública e destinada aos fracos e alienados. Com o advento das luzes e da racionalidade a religião não sobreviverá por longo tempo, caindo, cada vez mais, na completa vanidade. Afinal, quem se valerá de crenças religiosas quando se pode ter a firmeza, objetividade e clareza da ciência? Feriados religiosos, monumentos públicos ilustrativos de divindades e religiões, ensino religioso e escolas confessionais não podem ser aceitos por pessoas esclarecidas, inteligentes e modernas. É uma abominação que a Constituição Brasileira tenha feito, em seu preâmbulo, referência a Deus. Um estado laico é um estado averso à religião, que não tolera manifestações públicas religiosas ou mesmo dias santos. Tem-se que lutar para que a laicidade seja concretizada, excluindo os feriados religiosos, e alterando os nomes de ruas, praças, bairros, escolas ou bens públicos que tenham sido utilizados para homenagear religião ou líder religioso. Em nome do avanço tecnológico e da concretização dos direitos humanos, tanto a cidade de

São Paulo como o Estado de São Paulo e o Estado do Espírito Santo devem ter seus nomes alterados por fazerem referência a nomes religiosos. Deve-se lutar para que pessoas que tenham crenças religiosas sejam impedidas de exercerem cargos e funções públicos, além de proibidas de participarem das eleições como candidatos. Além disso, deve ser proibido qualquer manifestação pública de conteúdo religioso, excluindo do debate público argumentos religiosos e preconceituosos. Fanatismo e religião são quase sinônimos que colocam em perigo a democracia. Ridicularizar uma crença religiosa é algo que deve ser encarado como normal, afinal, ninguém é obrigado a acreditar em fantasias. Certamente, num futuro próximo a religião será apenas um assunto da disciplina de história, na qual se estudará como a sociedade já foi atrasada e ignorante, e como o iluminismo, a razão e a ciência foram os verdadeiros salvadores da humanidade, criando uma sociedade ideal, sem crenças religiosas e fundada nos direitos humanos e na democracia.

* * *

O parágrafo anterior relata, com certo exagero e ironia, uma das maiores crenças da modernidade, a da extinção ou irrelevância do fenômeno religioso. Aderir a uma crença religiosa significaria irracionalidade, insanidade ou obscurantismo. O preconceito com a religião e com os religiosos é, na maioria das vezes, velado, sutil, e, vez ou outra, aparece em frases como: "todo padre é pedófilo", "todo pastor é ladrão e avarento", "todo pai de santo é gay", "religião é coisa pré-moderna", "o estado é laico, e por isso manifestação religiosa em público deve ser proibida", entre outros. Em alguns casos, o preconceito transborda-se para o xingamento, o vilipêndio de locais de culto, de objetos sagrados e agressões físicas e verbais a pessoas religiosas. Até mesmo na academia há pessoas que acreditam que ter uma religião é algo contrário à razão e à inteligência, e, logo, quem é religioso é menos inteligente e moderno do que quem não é.

Atualmente, o fenômeno religioso tem crescido grandemente em todo o mundo, refutando a promessa iluminista de irrelevância e declínio (DUTRA; SALES, 2018, p.607). A crença no declínio da crença religiosa foi pontuada por Luhmann ao afirmar que *"La tesis de una debacle de la religion, de una pérdida de importancia social y de energía motivante individual estuvo em vigor como verdade indiscutible em el siglo XIX y em los comienzos del XX"*. (2007, p.241). Rodolf von Sinner (2016, p. 1) afirma que durante muito tempo a secularização era associada a um "processo inevitavelmente progressivo de retrocesso da importância da religião e chegaria até sua total privatização ou seu desaparecimento". Ele afirma que desde 1990 a tese contrária passou a ganhar relevância, com estudiosos entendendo que a religião teria mudado, mas não desaparecido ou se isolado na esfera privada. Ricardo Mariano (2011, p. 240) faz referência a Anthony F. Wallace, que afirmou, em obra publicada em 1966, que a religião, a crença e o sobrenatural seriam extintas, "em razão da expansão e difusão do conhecimento científico". No Brasil o censo[2] 2010, realizado pelo IBGE, aponta para o crescimento de diversos grupos religiosos no país, o que demonstra que a promessa de irrelevância da religião se comprovou falsa e equivocada. Roberto Dutra (2016, p. 151-152) afirma que:

> Com a evolução da sociedade moderna no século XX, a tese do declínio da religião (desinstitucionalização, privatização, etc.) – o significado mais difundido do conceito de – tornou-se obsoleta. Tomando o conjunto dos países inequivocadamente classificados como pertencentes à modernidade ocidental, e excetuando a Europa, pode-se dizer que não apenas a busca pelas religiões não declinou com a modernidade, como também que a esfera religiosa ganhou vigor e caráter especificamente modernos, assumindo em alguns contextos papéis importantes na identificação coletiva de grupos e camadas sociais e adquirindo inclusive graus de "efervescência" e "devoção" atípicas para o pertencimento religioso tradicional, fundado muito mais no ancoramento político e territorial do que no engajamento individual com as práticas e crenças sagradas.
>
> [...]
>
> Se as previsões sobre o declínio da religião eram falsas, é porque não só a sociologia da religião errou, mas também porque a teoria da sociedade não construiu uma compreensão satisfatória da sociedade moderna capaz de abarcar a efetividade da modernidade religiosa.

[2] Censo 2010: número de católicos cai e aumenta o de evangélicos, espíritas e sem religião. Disponível em: https://agenciadenoticias.ibge.gov.br/agencia-sala-de-imprensa/2013-agencia-de-noticias/releases/14244-asi-censo-2010-numero-de-catolicos-cai-e-aumenta-o-de-evangelicos-espiritas-e-sem-religiao#:~:text=Em%202010%2C%20chegaram%20a%2022,64%2C6%25%20em%202010. Acesso em: 15/08/2021. Às 16:30horas.

As diversas manifestações religiosas aumentam a complexidade social, incluindo perspectivas novas e distintas sobre problemas e questões públicas e privadas. A reunião de milhares de pessoas, muitas delas a-religiosas, indiferentes ou religiosas, em grandes centros urbanos, demonstra a riqueza brasileira, em termos de diversidade, tolerância e respeito mútuo existentes em nosso país. Evidente que há também intolerância, preconceito e agressividade entre pessoas religiosas e entre religiosos e não religiosos.

O tema do livro é o direito fundamental ao discurso religioso proselitista como integrante da liberdade religiosa, sua tutela e suas limitações, principalmente ante a possibilidade de enquadramento deste discurso como discurso de ódio.

O livro tem por *objeto* o estudo do direito fundamental ao discurso religioso proselitista e o discurso de ódio como seu possível parâmetro limitador na jurisprudência do Supremo Tribunal Federal, com base no critério de Norberto Bobbio. Há critérios de identificação do discurso religioso proselitista? É possível construir uma demarcação entre o discurso religioso e o discurso de ódio? O parâmetro utilizado pelo STF é homogêneo e adequado para a resolução desse conflito? São perguntas que compõem o objeto deste livro.

O aspecto empírico desse livro é composto de decisões do STF sobre o tema. O *levantamento dos dados* foi feito por meio de pesquisa na jurisprudência do STF, em seu sítio, consultando os termos "discurso de ódio", "discurso religioso", "proselitismo religioso", "liberdade religiosa". De posse desses dados, foram separadas apenas as decisões que a *ratio decidendi*, a razão de decidir, fosse sobre o discurso religioso e o discurso de ódio. Chegou-se apenas a duas decisões, uma da primeira turma e outra da segunda turma, que são respectivamente: Recurso no *Habeas Corpus* de n. 134682/BA, julgado pela 1ª Turma em 29.11.2016, e o Recurso no *Habeas Corpus* de n. 146303/RJ, julgado pela 2ª Turma em 06.03.2018. Ainda que essas decisões não tenham sido proferidas em controle concentrado de constitucionalidade ou em julgamento de recurso extraordinário, ou mesmo pelo plenário, são bastantes para os propósitos deste livro, pois "não é a quantidade de dados que viabilizam um saber científico, mas a maneira como os dados são 'controlados', sua pertinência numa pesquisa científica" (STAMFORD, 2021, p. 55).

Delimitou-se o estudo do tema no direito constitucional positivo brasileiro, deixando de lado suas repercussões em âmbito civil, penal e administrativo. Embora não seja um tema novo, apenas recentemente é que ele chegou ao Supremo Tribunal Federal nas decisões de 2016 e 2018. Assim, limita-se temporalmente o levantamento de dados empíricos neste lapso temporal. A perspectiva de estudo é a dogmática e, por conseguinte, de *lege lata*, e não de *lege ferenda*. A pesquisa de *lege lata*

> *... se caracteriza por identificar problemas interpretativos en el derecho positivo vigente, y se propone señalar soluciones adequadas que se pretenden racionalmente derivables de ese derecho.*
>
> *[...]*
>
> *... tiene como punto de partida la identificacíon de un problema de interpretacíon de una o varias normas del ordenamiento jurídico vigente. Identificado el problema interpretativo, este tipo de investigacíon se dirige a esclarecer la naturaleza de ese problema, discutir alternativas interpretativas y oferecer la que a juicio de quien realiza el trabajo de investigacíon – constituye la mejor solución posible.* (COURTIS, 2006, p. 114,122)

Por sua vez, a pesquisa de *lege ferenda* tem característica distinta e objetivos diversos. Nela, o pesquisador não busca uma solução no direito positivo vigente, mas sim, formula uma crítica à existência de dada norma jurídica, ou a omissão de regulamentação de uma situação fática. Postulando ou a reforma da legislação ou a criação de normas para regular aquela situação fática. Por vezes, se valendo de propostas teóricas oriundas de autores estrangeiros.

> *Así, por ejemplo, la crítica que um jurista formula a las normas vigentes puede deberse a problemas de racionalidade comunicativa o linguística – oscuridad, vaguedad, etc. -; a problemas de racionalidade sistemática o técnico-jurídica – su incomparatibilidad com otras normas vigentes, su caráter incompleto, etc. -; problemas de racionalidad pragmática – su incapacidad de motivar la conducta de los destinatários -; a problemas de racionalidad teleológica – el incumplimiento de los fines que se proponía cumplir -; a problemas de racionalidade ética – su incompatibilidad com ciertos valores normativos o extra-normativos, o a uma cumbinación de ellos.* (COURTIS, 2006, p. 115,126)

Quanto a *problematização*, a questão central é se o discurso religioso proselitista, pelo qual se criticam outras concepções de fé, faz parte da liberdade religiosa ou se ele seria um discurso de ódio.

Faz parte do fenômeno religioso a divulgação, a vivência e a defesa de determinada cosmovisão e forma de conduta. Aqui tem-se uma unidade entre fé e conduta, assim, o fiel não só adere a determinado conjunto de crenças como também pauta sua conduta por ela, e ambos, crença e conduta, são abarcadas pela liberdade religiosa (MACHADO, 1996, p. 222, *apud* Voto Ministro Fachin, STF, *HC* 134.682/BA). É imanente a algumas religiões a prática do proselitismo religioso, que nada mais é do que a exposição sobre a crença e a tentativa de converter e fazer adeptos. *O proselitismo* englobaria a exposição da correção das suas crenças e a demonstração da incorreção das crenças alheias, integrando o núcleo da liberdade religiosa (TAVARES, 2009).

Neste quadro, partindo-se do conceito de *proselitismo religioso* construído por André Ramos Tavares (2009), como um "discurso que pretende converter membros de outras religiões, ou, mais especificamente, produzir prosélitos", surge a questão de se, e em que casos o discurso religioso poderia ser visto como discurso de ódio e assim submetido a limitações. Existe limite ao discurso religioso proselitista? Todo discurso religioso proselitista se enquadraria em discurso de ódio? O subjetivismo e a discricionariedade judicial seriam obstáculos para a utilização do discurso de ódio como limitador da liberdade religiosa? Como evitar que um grupo religioso utilize o poder estatal para fins de perseguição a outras religiões? Qual o conceito de discurso de ódio? Seria ele um bom parâmetro para a limitação da liberdade religiosa no Brasil? Essas e muitas outras questões fazem parte desse complexo problema a ser enfrentado neste livro.

Ressalte-se que a simples conversação sobre um tema religioso não tem o condão de gerar conflitos. Aqui fazemos referência a um diálogo em que nenhum dos interlocutores têm a intenção de convencer o outro, mas apenas de conversas sobre um tema religioso, como o amor ao próximo, ou uma figura religiosa famosa. Por isso, no livro, o *foco está nos discursos religiosos de cunho proselitista*, ou seja, nos discursos de caráter apologético, nos quais, se busca demonstrar que determinada crença está correta e as demais crenças não estão, ou mesmo no que tenha por finalidade divulgar crenças com intenção de fazer adeptos. Por isso o livro se concentra no discurso religioso proselitista, que tem maior probabilidade de se chocar com outros direitos fundamentais.

Num caso concreto em que há comprovação de que uma pessoa religiosa ou não religiosa pronunciou alguma das frases a seguir elencadas, é possível distinguir se tal manifestação configura-se em um discurso de ódio ou em um discurso religioso? *i- A prática de determinada conduta religiosa é uma forma de adoração ao demônio. ii – Os que matam pessoas (ainda que intitulados pelo governo de inimigos) em uma guerra são instrumentos das trevas. iii – O casamento não heterossexual é algo abominável aos olhos de Deus. iv – A defesa do casamento heterosexual como única forma de família é uma afronta ao amor de Deus. Os que defendem essa ideia são filhos das trevas e não têm o amor de Deus em seus corações. v – Educação religiosa é coisa de gente burra, ignorante, e medieval, em nada compatível com os avanços da ciência moderna e contemporânea. vi – A fé cega na ciência, na razão, e na força do homem levou à morte de milhares e milhares de pessoas. Uma comprovação de que onde não há religião tudo é possível e não existem padrões de moralidade. vii – Os cristãos são assassinos, tendo aniquilado centenas de vidas durante suas cruzadas violentas e sedentas por sangue. No Brasil o sangue dos índios clama por justiça diante das cruzes ensanguentadas dos monstros dos jesuítas. viii – Acreditar em uma divindade é uma deformidade genética, infelizmente encontrada em muitas pessoas fracas, imbecis, e infantis, que buscam num deus, num mito, numa fantasia absurda, conforto e forças. ix – Não acreditar em Deus é uma demonstração de fraqueza de caráter, de pessoas imorais, sem amor ao próximo.*

Pronunciar ou defender essas ideias torna uma pessoa intolerante? Seria possível ser tolerante uma pessoa que defende uma crença como verdade absoluta ou a tolerância somente é possível no relativismo? Nesse contexto, questiona-se se há uma demarcação clara entre um discurso proselitista que tenha por conteúdo críticas a uma determinada religião (ou ao ateísmo ou agnosticismo) e um discurso de ódio proferido num ambiente religioso ou por motivações religiosas. O STF teria adotado um critério de demarcação suficiente e adequado, tendo como referencial teórico a teoria tripartite e a ideia de tolerancia de Norberto Bobbio?

A clara demarcação entre o discurso proselitista e o discurso de ódio é importante para a criação de uma cultura de paz, em que todos têm conhecimento dos seus direitos e dos limites destes. Promovendo uma sociedade mais pluralista, tolerante e madura, sabedora da diferença entre uma crítica veemente, que busca construir e agregar, e um discurso de ódio que tem por finalidade a segregação, a violência e a eliminação de grupos sociais.

O debate sobre o direito fundamental à liberdade de expressão e a proibição ou regulação do discurso de ódio é mundial e com ampla bibliografia. No direito estrangeiro podemos indicar Ronald Dworkin (2009) como posição contrária à utilização do discurso de ódio como limitador da liberdade de expressão, e Jeremy Waldron (2012), como defensor da limitação da liberdade de expressão, quando incorrer em discurso de ódio. No Brasil a discursão sobre a liberdade de expressão e sua limitação não é nova, com inúmeras publicações, dentre as quais os trabalhos de Mendes (1994), Barroso (2004, 2020), Sarmento (2006), Brungger (2007), Samantha Meyer-Pflug (2009), Tavares (2009), Oliva (2015), Napolitano e Stroppa (2017), Milena Santos (2017), Lara Fadel (2018).

No entanto, o debate sobre o discurso religioso proselitista e o discurso de ódio é algo que necessita de um *aprofundamento teórico e dogmático* para que sejam preservados os direitos da liberdade e ao mesmo tempo tutelados os direitos da personalidade e da dignidade. Partindo de tais pesquisas, se busca dar um passo além, para tentar indicar nas decisões do STF um parâmetro adequado para se distinguir um discurso religioso proselitista legítimo e lícito de um discurso religioso que descambe para o discurso de ódio, com base no critério trifásico elaborado por Norberto Bobbio.

O marco teórico escolhido é fundado na obra de Norberto Bobbio, com base em seu critério trifásico de identificação da discriminação, principalmente em seu livro "O elogio da Serenidade" (2011) e em sua perspectiva sobre a tolerância, apresentada na obra "A Era dos Direitos" (2004).

O tema da restrição à liberdade de expressão frente ao discurso de ódio por vezes é pesquisado fundamentando-se, principalmente, nas contribuições de Ronald Dworking e de Jeremy Waldron, sendo eles dois exemplares notáveis da posição contrária, pelo primeiro, e favorável pelo segundo, da limitação da liberdade de expressão pelo discurso de ódio. No entanto, Lara Fadel (2018) conclui em sua pesquisa de mestrado que não há critérios claros e objetivos na obra de Jeremy Waldron para demarcar o que é e o que não é, de forma objetiva, um discurso de ódio.

Defende ela que, na ausência de critério, prevaleça a liberdade de expressão, ante o perigo da censura e do patrulhamento ideológico e filosófico pelo Estado. Além disso, entende Waldron (FADEL, 2018, p. 72-73) que um discurso contra crenças religiosas não se enquadraria como discurso de ódio, pois uma pessoa não é obrigada a respeitar aquilo em que não acredita. O problema com essa diferenciação é que ela vai de encontro ao direito positivo brasileiro, que protege tanto os grupos religiosos como suas crenças, art. 208 do Código Penal Brasileiro, artigo 20 da Lei de n. 7716 de 1989.

Por outro lado, Norberto Bobbio, enfrentando o tema há décadas, propôs um critério trifásico para identificar o que seria um discurso discriminatório e ilícito, sendo proposição de fácil compreensão e com distinções bem delimitadas, aptas a auxiliar de forma imparcial a identificação de um discurso discriminatório. Ainda em 1979, ministrou, no *Instituto Técnico Industrial Amedeo Avogadro*, em Turim, o curso "A Natureza do Preconceito". O texto utilizado em aula foi publicado no livro "*Elogio dela Mitezza e Altrí Scritti Morali", Nuova Pratiche Editrice, 1998.* (Neste trabalho, nos valemos da segunda edição da obra "Elogio da Serenidade: e outros escritos morais. Tradução Marco Aurélio Nogueira. São Paulo: Unesp, 2011).

O autor italiano elaborou o parâmetro trifásico (2011, p. 108-109) da seguinte maneira: num primeiro momento, a discriminação se fundamenta num juízo de fato, na afirmação de diversidade e diferenciações entre "homem e homem", entre "grupo e grupo". Este juízo, sozinho, não é discriminatório. O critério de distinção é factual. Em um segundo momento é feito um juízo de valor, que consiste em afirmar a superioridade (intelectual, moral etc.) de um grupo em relação a outro, necessitando que, em dois grupos distintos, "um seja considerado bom e o outro mau", que um seja considerado "civilizado e o outro bárbaro. Aqui o critério de distinção é valorativo. A terceira fase para o discurso discriminatório é a decisiva e, sem ela, apenas a presença das duas primeiras não é suficiente para a caracterização da discriminação. Nesta última fase se exige de um grupo afirmações de dominação, de exploração, de escravização, ou eliminação de outro grupo. Embora o Autor não utilize a expressão discurso de ódio, mas sim "discriminação", sua elaboração é válida para o objeto de estudo deste livro.

Várias são as razões pela escolha de Bobbio. *A primeira* delas é a capacidade dele de entrar em temas extremamente polêmicos, em debates acirrados, e de maneira cordial, educada e respeitosa, ouvir e dialogar com os mais diversos entendimentos, manifestando-se de forma clara, precisa e inteligente. Ele escreveu sobre os mais diversos temas da teoria do direito, da filosofia e da política. Uma frase que bem descreveria Norberto Bobbio, segundo ele mesmo se via, era a seguinte:

> Da observação da irredutibilidade das crenças últimas extraí a maior lição da minha vida. Aprendi a respeitar as ideias alheias, a deter-me diante do segredo de cada consciência, a compreender antes de discutir, a discutir antes de condenar... (LAFER, 2013. p.23)

Esta disposição em dialogar, em discutir um tema de forma séria, respeitosa, mas sem perder a crítica, de ter maturidade para ouvir críticas duras é algo cada vez mais difícil de ser encontrado na sociedade e até mesmo na academia. A *sociedade dos "144 caracteres"*, que tem como distintivos a velocidade da comunicação, a vastidão de dados e informações, a facilidade de acesso e divulgação de escritos e vídeos, também é descrita pela superficialidade, efemeridade e imaturidade. Por isso a importância do pensar e do agir de Bobbio para a reflexão sobre questões sociais.

A segunda razão é a visão ampliada com que enxergava os temas e problemas jurídicos, filosóficos e políticos. O professor de Turin dedicou-se tanto à filosofia, ao direito como à ciência política (TOSI, 2016; LAFER, 2013). Por ser versado em várias áreas, tinha uma visão mais aberta e ponderada, não caindo na tentação de muitos juristas em ver o direito como única forma ou método de mudança social, como a única forma capaz de solucionar todos os problemas da humanidade, na crença de que, criando-se uma lei ou revogando-se outra, seria possível mudar até mesmo a natureza humana. Bobbio não sofria deste delírio de onipotência jurídica, por isso sua visão não é radical ou extremista, e, em consequência, sua reflexão sobre problemas jurídicos e políticos foi feita de maneira mais ponderada, equilibrada e serena.

A terceira razão é a influência do pensamento de Bobbio na América Latina, (TOSI, 2016, p. 8; FILIPPI, 2003a e 2003b) e principalmente no

Brasil (LAFER, 2013, p. 43-45), com traduções de inúmeras obras para o português e para o espanhol, e com adesão e debate das ideias de Bobbio.

A quarta razão é pela criação, por Bobbio, na obra "O Elogio da Serenidade", de um parâmetro claro e objetivo de identificação da discriminação.

A quinta razão se dá pelo fato de que a teoria trifásica de Bobbio foi expressamente utilizada no voto do Ministro Relator Edson Fachin, em ambos os *Habeas Corpus* analisados neste livro.

A *sexta razão* diz respeito ao fato de que Bobbio defende que a tolerância é possível, ainda que entre pessoas que aderem a determinadas crenças, por elas vistas como verdades absolutas. A exposição da reflexão de Bobbio sobre a tolerância está no livro "A Era dos Direitos", que neste trabalho utilizaremos sob a tradução para o português de Carlos Nelson Coutinho, publicada pela Elsevier, em 2004.

Contudo, a escolha por determinado marco teórico não equivale a ser seguidor ou defensor irrefletido das ideias de um autor:

> A escolha do marco teórico pode se dar devido à teoria se apresentar como "teoria confortável" à pesquisa em andamento, confortável por portar categorias de análise que viabilizam reflexões, por portar elementos à pesquisa, à análise de dados mais adequados. (STAMFORD, 2021, p. 219)

Pela descrição da problematização da pesquisa, tem-se que o *método* a ser aplicado será o misto, pois a pesquisa caracteriza-se por ser dedutiva e indutiva. Tradicionalmente, e de forma simplificada, a dedução é conceituada como "relação pela qual uma conclusão deriva de uma ou mais premissas" (ABBAGNANO, 2007, p.243) e por indução quer se dizer "o procedimento que leva do particular ao universal" (ABBAGNANO, 2007, p. 567). Dessa forma, não é possível, ou mesmo adequado, pela natureza dos dados e pelos objetivos a serem alcançados, a utilização de apenas um método. A pesquisa é indutiva em seu aspecto empírico, pois, parte-se de duas decisões judiciais, prolatadas pelo STF, e busca-se responder se há um parâmetro ou uma metodologia adequada de julgamento, indo do particular para o abstrato. Por sua vez, no aspecto bibliográfico, a pesquisa utiliza-se o método dedutivo, uma vez que, a partir das construções doutrinárias, busca critérios decisórios a serem aplicados em casos concretos que envolvam o choque entre discurso proselitista religioso e o discurso de ódio.

A pesquisa elaborada neste livro é predominantemente *bibliográfica*, abrangendo a análise de livros, artigos publicados em revistas impressas e em revistas eletrônicas, em língua portuguesa, espanhola e inglesa, que abordem direta ou indiretamente o tema da liberdade religiosa e do discurso de ódio.

Quanto à *natureza dos dados* a pesquisa pode ser classificada como qualitativa, uma vez que é pesquisa bibliográfica, trabalhando com textos legais e casos jurisprudenciais, com enfoque dogmático, pelo qual se busca apresentar uma metodologia de trabalho para a decisão judicial que envolva casos sobre liberdade de discurso religioso e discurso de ódio.

Trata-se de *pesquisa interdisciplinar*, entendida esta como "acoplamento estrutural entre duas disciplinas", para usar a expressão de Neves (2005). A interdisciplinaridade não pode ser confundida com enciclopedismo jurídico, ou com imperialismo disciplinar ou ainda com metadisciplinaridade; ela é, na verdade, o "espaço de comutação discursiva entre diversos campos do saber jurídico" (NEVES, 2005, p. 208). Nesse quadro, o livro procura formular as questões e buscar as devidas respostas, considerando o objeto de estudo como objeto complexo que necessita de considerações não apenas do direito, mas de outros ramos do conhecimento humano. Isto é, o enfoque é dogmático, mas se reconhece que a formulação dogmática é mais rica, quando construída sobre a interdisciplinaridade.

Segundo Antônio Carlos Gil (2002, p. 41), a *pesquisa exploratória* seria conceituada como a que tem por objetivo "proporcionar maior familiaridade com o problema, com vistas a torná-lo mais explícito ou a constituir hipóteses". Sendo assim, a pesquisa classifica-se como exploratória, tendo em vista a natureza dos dados e os objetivos propostos, visando descobrir se o critério utilizado pelo STF, quando chamado a enfrentar o tema, é o que melhor se adequa ao ordenamento jurídico brasileiro, com base no critério trifásico de Bobbio.

Com um tema complexo como o escolhido, não é possível encerrar o debate e resolver todos os problemas. A pretensão do livro é mais humilde, buscando contribuir para o debate jurídico brasileiro, fazendo aportes novos, apresentando elogios e críticas às decisões do STF, e propondo um parâmetro adequado para delimitação entre o discurso religioso e o discurso de ódio. Procura-se realizar uma pesquisa séria e com rigor científico, evitando-se o "parecerismo", que tem

> aparência de ciência porque explora dados, porém, quando lemos o texto, é explícito que a comunicação está dedicada a defender uma ideia, que ela partiu de uma hipótese e apresentou os dados favoráveis a ela, o que se detecta, também, com a presença de frases de efeito. (STAMFORD, 2021, p. 166).

Com isso, evita-se fazer uma pesquisa forense, realizada normalmente pelos profissionais do direito (juízes, advogados, delegados, promotores etc.), e intenta-se fazer pesquisa científica. A demarcação sobre o que é ou não pesquisa científica é feita com base no critério da "postura" (STAMFORD, 2021, p. 175) de cientificidade, pois a pesquisa forense tem finalidade distinta, e uma postura distinta da pesquisa científica.

> É distinta porque, na primeira espécie (pesquisa forense), há a obrigatoriedade de defender uma dentre as possíveis leituras do caso jurídico e, ao fazer isso, o jurista, inclusive por ética profissional, afasta dados contrários à sua tese. Dados que podem vir a ser aplicados noutro caso, mas não neste. A parte contrária que apresente seus dados. Ocorre que essa atitude de omitir, afastar dados é antiética no caso de pesquisa científica. Essa omissão de dados para validar um resultado de pesquisa é contrária à cientificidade.
> [...]
> Não estou, fique claro, afirmando que a pesquisa forense é melhor ou pior que a científica. Apenas concebo que são pesquisas distintas porque lidam com posturas de pesquisa distintas. Não cabe falar em demérito à pesquisa forense. Tampouco se trata de negar que cientista tem e deve mesmo ter sua opinião, sua visão de mundo, sua concepção de vida. Contudo, entendo que, cientificamente, omitir dados para defender uma hipótese afasta a pesquisa do adjetivo científica. (STAMFORD, 2021, p. 183-184)

O trabalho está estruturado em seis capítulos. No *segundo* capítulo o arcabouço constitucional e legal sobre a liberdade religiosa foi explorado, demonstrando a importância que o fenômeno religioso tem na contemporaneidade. O *terceiro* capítulo abordou o discurso de ódio, procurando conceituá-lo e enumerar as suas características. No *quarto* capítulo foi exposto o conceito de discurso religioso e suas características. O *quinto* capítulo teve por objetivo descrever os dois casos julgados pelo STF, suas peculiaridades e principalmente a fundamentação de cada um dos ministros em seus votos. No *sexto* e último capítulo o parâmetro decisório criado pelo STF é criticado com base no critério trifásico de Norberto Bobbio, buscando construir uma dogmática adequada para a solução de conflitos entre a liberdade de expressão religiosa e o discurso de ódio.

2.
LIBERDADE E DISCURSO RELIGIOSO NA CONSTITUIÇÃO FEDERAL BRASILEIRA DE 1988

2.1 Uma definição de religião, da liberdade de expressão e da liberdade religiosa

Discorrer sobre a liberdade religiosa exige uma definição de religião, algo que, como se verá, não é tarefa fácil. Pela etimologia, a palavra religião de origem latina teria por significado religar, reeleger, no sentido de religar o homem a sua divindade (COUTINHO, 2012, p. 176). Essa característica de ligação do homem com o transcendente ou com algo superior é característica das religiões ocidentais. As religiões orientais não possuem o elemento da transcendência, uma vez que adotam o panteísmo, concebendo deus em tudo, de forma que a ligação não seria com algo transcendente, mas sim com a natureza e com os seres vivos (COUTINHO, 2012, p. 176).

O *Diccionário Contemporaneo da Língua Portuguesa* de F.J. Caldas Aulete, define religião nos seguintes termos:

> Religião. Faculdade ou sentimento que nos leva a crer na existência de um ente supremo como causa, fim ou lei universal. Culto que sob qualquer forma, quer externa quer interna, se presta à divindade... Doutrina ou crença religiosa. Reverencia e acatamento às coisas sagradas; fé, crença, devoção, piedade. Estado de pessoas aggregadas por voto para seguirem pontualmente uma certa regra de Egreja. Tudo o que é considerado um dever sagrado. Ordem religiosa... Reunião dos princípios de moral comuns às nações civilizadas e independentes da revelação... Escrupulo. Santidade ou virtude que se attribue a alguma coisa e pela qual se lhe presta reverencia. Religião do Estado, aquella que um Estado declara professar embora tolere simplesmente as outras. (AULETE, 1881, Tomo II, p.1513)

José Pereira Coutinho (2012) sistematiza as muitas definições de religião em dois grandes grupos, as substantivas e as funcionais. Por definições substanciais entendem-se aquelas "descritoras do que ela é, da sua essência, das suas crenças e práticas da experiência do Outro ou do sagrado" (COUTINHO, 2012, p. 175).

> Em termos substanciais, a religião é um sistema composto por descrições do sagrado, respostas ao sentido do mundo e da vida (crenças), meios, sinais, experiências de ligação a esse sagrado (práticas), orientações normativas do comportamento (valores) e atores coletivos com regras e recursos próprios (coletividade). (COUTINHO, 2012, p. 187)

Por conceito funcional compreendem-se aqueles "referentes ao que ela faz, ao seu papel, à sua função social" (COUTINHO, 2012, p. 175). A religião, em tais termos,

> permite regular e justificar a conduta individual (normativa), providenciar coesão social (coesiva), consolar e aliviar (tranquilizante), fortificar a vontade (estimulante), dar sentido à vida (significante), possibilitar a experiência do sagrado (experiencial), crescer e amadurecer (maturativa), proporcionar identidade (identitária) e ministrar salvação (redentora). (COUTINHO, 2012, p. 187)

Ainda segundo Coutinho (2012, p. 176), os estudiosos elencaram como o objeto da religião muitas designações, tais como: seres espirituais; divino; poderes superiores; sagrado; realidades transcendentes; realidades sobrenaturais; realidades supraempíricas; seres sobre-humanos; e deuses. Ferreira Neto; Somensi (2022) defendem que, em termos analíticos, o termo religião vincula-se, ao mesmo tempo, para uma dimensão: intelectual-especulativa; fenomenológica-existencial; e por fim, prático-moral.

Para além das definições substantivas e funcionais, existe ainda a definição institucional, defendida pelo professor português Jonatas Machado e citado por Jayme Weingartner Neto (2007) e por Heloísa Sanches Querino Chehoud (2017). Machado apresenta três possibilidades de conceituação da religião. A primeira, de caráter substancial-

-objetiva, definindo a religião com base nos elementos divindade, moralidade e culto. Aqui busca-se uma definição material, substancialista ou essencialista de religião, com referências ao "sobrenatural, a entidades ou instituições supremas, objetos de culto, símbolos e ritos, valores últimos, problemas últimos de sentido, visões globais do mundo" e outros (JONATAS MACHADO, 1996 *apud* WEINGARTNER NETO, 2007, p. 98). Essa forma de definição não é isenta de dificuldades, como bem aponta Jonatas Machado (*apud* WEINGARTNER NETO, 2007, p. 99), na medida em que ele prescreve como deve ser uma religião, utilizando aspectos do passado, favorecendo a ortodoxia e impedindo que concepções religiosas consideradas heterodoxas sejam elevadas à categoria de religião. A segunda seria funcional-subjetiva, que procura uma conceituação de religião mais ampla, abarcando "todas as formas conscientes de crença que ocupem, na vida da pessoa, um lugar funcionalmente equivalente ao reservado, tradicionalmente, às crenças religiosas de tipo deísta" (CHEHOUD, 2017, p. 56). A definição seria estrutural-funcional, aceitando-se "os diferentes comportamentos e soluções éticas, sendo primordial, agora, o 'elemento subjetivo da sinceridade com que uma crença é individualmente sustentada'" (WEINGARTNER NETO, 2007, p. 100). A vantagem dessa perspectiva é que o Estado não poderia se intrometer no conteúdo das crenças, escolhendo o que poderia ou não ser objeto de crença religiosa. Os problemas dessa definição é a confusão entre a liberdade de crença e consciência, uma vez que a segunda estaria quase que englobada na primeira parte dessa conceituação, além de outras dificuldades apontadas por WEINGARTNER NETO (2007, p. 100). Por fim, tem-se o conceito tipológico, "procurando-se conceituar religião de forma suficientemente expansiva, que dê conta dos diversos elementos objetivos e subjetivos..." (CHEHOUD, 2017, p. 56). Mais à frente a autora afirma que "O ponto de partida dessa definição deve ser dado pelos elementos geralmente considerados típicos do fenômeno religioso, que constituem as suas *parenças de família*" (CHEHOUD, 2017, p. 56). WEINGARTNER NETO (2007, p. 101) argumenta, com base em Jonatas Machado, e citando-o diretamente, que o conceito tipológico deve considerar dois propósitos constitucionais elementares, que seriam:

> (a) lograr um nível de generalidade suficientemente elevado para "abarcar o maior número possível de manifestações religiosas, sem, no entanto, assumir contornos demasiado fluidos que resultem na confusão da religião com as demais mundividências filosóficas e ideológicas"; (b) não assentar numa intervenção jurisdicionalista, mas em "pontos de vista neutrais, geralmente válidos e não confessionais" que permitam uma "maior deferência para a estática e a dinâmica da autocompreensão religiosa, individual e coletiva". (itálico no original; texto em aspas de Jonatas Machado)

Os elementos considerados como típicos da religião, suas parecenças de família seriam, segundo Jonatas Machado (*apud* WEINGARTNER NETO, 2007, p. 102): "visão global de mundo; apelo a autoridades e conteúdos veritativos de origem e valor extra-racional; consciência subjetiva da existência de um poder sobrenatural ou transcendente". Ressaltando que nenhum dos elementos é suficiente ou é necessária sua presença para determinar o que é uma religião, ou mesmo a ausência de um deles não a excluiria. (2007, p.102). Por essas razões, o conceito tipológico é o adotado neste livro.

Outra questão complexa e com alto grau de dificuldade é a distinção entre religião e seita. Não se trata de problema sem relevância prática, pois, num caso concreto, o Estado, legislador, administrador ou judicial, poderia negar a titularidade de uma pessoa ou grupo à liberdade religiosa, ao argumento de que aquele grupo não seria uma religião, mas sim uma seita. Uma estratégia para negar o direito fundamental à liberdade religiosa a uma determinada religião é excluí-la do conceito de religião, enquadrando-a como curandeirismo, charlatanismo, e outros tipos penais,

> A polícia e o judiciário reprimiram severamente os ritos, cultos e práticas afro-brasileiros até os anos 1940, enquadrando-os como crimes de feitiçaria, curandeirismo e charlatanismo (Maggie, 1986). Por isso, muitos pais e mães-de-santo da umbanda, na tentativa de proteger-se das investidas policiais e da mira seletiva do Código Penal, foram progressivamente assumindo-se como religião, registrando em cartório suas casas e tendas como espíritas em vez de registrá-las como "macumba" em delegacias de polícia (Montero, 2006, p. 53; Negrão, 1996). (MARIANO, 2011, p. 246).

Também outras instituições religiosas podem defender o enquadramento de uma nova manifestação religiosa como não sendo religião, negando-lhe o acesso à liberdade religiosa, por não se enquadrar na ortodoxia, e tratando-a com violência,

> No começo [da evangelização protestante no país] os crentes eram perseguidos, presos, torturados, expulsos de cidades, feridos em apedrejamentos, mortos em invasões de residências e de templos ou em traiçoeiras emboscadas [...] e que, "no interior do país, até os anos 50 ainda havia assassinatos de crentes, derrubada de templos, agressões" (Sylvestre, 1986, p.41, *apud* MARIANO, 2011, p. 247);

WEINGARTNER NETO (2007, p. 110) considera que, juridicamente, o conceito de seita é irrelevante, não constando na legislação brasileira e não havendo unanimidade nem mesmo na ciência da religião sobre o que seria uma seita.

> Importa reter duas coisas: (1º) não é isento de problema, em termos jurídico-constitucionais, a extensão do âmbito normativo da liberdade religiosa a determinadas expressões espirituais atípicas, já que *religião*, segundo o filtro jurídico adotado, corresponde a um "fenômeno social típico, ainda que com uma tipicidade aberta" – pela simples razão de que o *atípico está fora do conceito tipológico*; (2º) não existem a priori "obstáculos que impeçam uma confissão religiosa de ver reconhecida a sua existência jurídica", sendo solução correta e constitucionalmente adequada dar-se 'todo o benefício da dúvida a uma confissão religiosa" (seja ou não, acrescento fundamentalista;. Ou mais ou menos sectária de acordo com conceito, irrelevante, de cariz sociológico ou considerações sociopolíticas conjunturais) ... (WEINGARTNER NETO, 2007, p. 111-112)
>
> [...] A específica proteção constitucional da religião não afasta que os fenômenos atípicos sejam protegidos através de outros direitos fundamentais, designadamente a liberdade de consciência e a liberdade de expressão do pensamento". (Nota de rodapé de n. 213, WEINGARTNER NETO, 2007, p. 111)

Antes de enfrentarmos o tema da liberdade religiosa e da liberdade de expressão religiosa (discurso religioso), é necessário fazer breves considerações sobre a liberdade.

A liberdade pode ser e foi definida em perspectivas distintas, com fundamentos filosóficos diferentes durante a história ocidental, não existindo um sentido unívoco para a palavra. A liberdade está relacionada à visão de mundo e ao contexto social, histórico e cultural de determinada época. Ela está vinculada ao sistema político, econômico, jurídico e social (CASTANHATO, 2016, p.18).

Para Flavio Pansieri (2017) o conceito de liberdade é ambivalente e plurissignificativo, estando presente em diversos âmbitos de investigação. Pansieri (2017, p. 2) afirma que a filosofia apresenta três âmbitos nos quais se fundam as investigações sobre a liberdade, que seriam: a liberdade como necessidade; a liberdade como autocausalidade ou autodeterminação; e a liberdade como possibilidade ou necessidade de escolha.

Adrian Sgarbi (2009) sintetizou os conceitos básicos e as teorias sobre a liberdade. Sgarbi inicia explorando o conhecido texto de Benjamin Constant sobre a liberdade dos antigos e a dos modernos, sendo aquela relacionada à participação dos indivíduos no poder político, e esse como atuação nos espaços livres, com âmbito interno, privado. A segunda dicotomia, postulada por Isaiah Berlin sobre a liberdade é entre a liberdade positiva e a liberdade negativa. A negativa seria uma esfera de atuação sem interferência, e a positiva seria o "desejo do indivíduo de governar a si próprio" (SGARBI, 2009, p. 7). Martín D. Farrell (1989) afirma que a liberdade negativa seria a liberdade de, a respeito de algo, e a positiva seria a liberdade para, no sentido de autorrealização. Há ainda, segundo Sgarbi, a liberdade metafísica, no sentido de livre-arbítrio, de relação do homem com a natureza, e a liberdade social, autonomia individual e coerção social, traduzindo-se na relação do homem com o poder (p.9). O autor elenca ainda outras teorias sobre a liberdade, como as de Felix Oppenheim, Geraldo MacCallum, o que demonstra a pluralidade de concepções e de teorias.

Castanhato postula uma concepção própria de liberdade fundada na teoria do jus-humanismo normativo, afirmando que a liberdade deve ser entendida como "consciência de autodeterminação individual e coletiva de todos os homens, quanticamente consubstancial à igualdade e à fraternidade" (2016, p. 291).

Neste livro adota-se a definição de liberdade conforme a dicotomia entre liberdade positiva e liberdade negativa, pois já tradicional na teoria dos direitos fundamentais.

Em que pesem as muitas teorias e definições sobre a liberdade, há concordância, pode-se dizer, em que ela é um valor fundamental para a sociedade e para o indivíduo. Os efeitos dos governos autoritários e ditatoriais surgidos no século passado, as muitas formas de censura, o cerceamento da liberdade de locomoção, de expressão, de religião, de comunicação e outras, levaram, no processo de redemocratização, a criação de um extenso rol de liberdades. A Constituição Federal brasileira tem um longo, minucioso e bem destrinchado rol de liberdades, demonstrando a preocupação do constituinte com este valor salutar para a democracia e para a sociedade.

Dentre as muitas liberdades previstas na Constituição, uma das principais é a liberdade de expressão. André Ramos Tavares (2021, p. 497) define a liberdade de expressão como

> ... um direito genérico que finda por abarcar um sem-número de formas e direitos conexos e que não pode ser restringido a um singelo externar sensações ou intuições, com a ausência da elementar atividade intelectual, na medida em que a compreende. Dentre os direitos conexos presentes no gênero liberdade de expressão podem ser mencionados, aqui, os seguintes: liberdade de manifestação de pensamento; de comunicação; de informação; de acesso à informação; de opinião; de imprensa; de mídia; de divulgação e de radiodifusão.

Por sua vez, a liberdade religiosa seria o complexo de direitos que envolve uma cosmovisão, uma forma de ver a vida e o mundo, a manifestação da expressão religiosa, o culto, a reunião, a educação religiosa, a conduta de acordo com a religião, dentre outras características. Georg Jellinek defendeu que a liberdade religiosa teria sido a "primeira expressão da ideia de um direito universal e fundamental da pessoa humana" (SARLET, 2015, p. 88; TAVARES, 2008, p.13). A liberdade de expressão seria uma decorrência da liberdade religiosa e das lutas por ela, durante a Reforma Protestante.

2.2 Dispositivos constitucionais sobre religião e a liberdade religiosa

A Constituição Federal brasileira consagrou uma ampla proteção à liberdade religiosa, prevendo em diversos momentos garantias e direitos relativos à manifestação da religião, seja em âmbito individual, coletivo, institucional, público e privado.

A primeira referência à religião está no preâmbulo da Constituição Federal brasileira, que faz expressa menção a Deus, como protetor da promulgação da nova ordem constitucional. Em seguida, no artigo 5ª, incisos VI, VII e VIII tutelam a liberdade religiosa, o direito de culto, a proteção aos locais de culto e às liturgias; bem como garantem a assistência religiosa, nas entidades civis e militares de internação coletiva, além de estabelecerem o dever fundamental do Estado de não privar de direitos uma pessoa por motivos religiosos.

O artigo 19, I, consolida o Estado brasileiro como estado laico, vedando a ele o estabelecimento de cultos religiosos ou igrejas, e proibindo que atue para impedir ou atrapalhar o seu funcionamento e manutenção. Segundo Martins (2021) é absolutamente vedado ao Estado "imiscuir-se na definição do que seja lícito ou ilícito (pecado) com base no parâmetro da fé professada, sob pena de comprometer sua neutralidade ética, adensada no princípio jurídico-objetivo constitucional do Estado laico".

No artigo 143 trata do serviço militar obrigatório e da possibilidade de atribuir serviço alternativo aos que alegarem impedimento de crença religiosa, dispensando ainda os eclesiásticos do serviço militar obrigatório, em tempos de paz.

Visando impedir que o Estado sufocasse ou obstasse o pleno exercício da liberdade religiosa, principalmente em seu aspecto organizacional, dispõe o artigo 150, VI, alínea "b", sobre a imunidade tributária dos templos.

No âmbito da educação, art. 210, parágrafo primeiro, o constituinte ao estabelecer os conteúdos mínimos para o ensino fundamental, reconhecendo a importância dos valores culturais e sociais da religião, determinou a adoção do ensino religioso, de matrícula facultativa, nas escolas públicas. Sobre o tema da família o artigo 226 da Constituição Federal reconhece o os efeitos civis do casamento religioso, na forma regulamentada pela lei.

Por fim, há um aspecto, por vezes esquecido ou até negado, que é a dimensão cultural do fenômeno religioso. No caso brasileiro, ruas, praças, prédios públicos, cidades e Estados possuem nomes de líderes ou figuras importantes de muitas religiões. Igualmente, a arquitetura, a pintura, a arte em geral, a literatura, as festividades, produzidas pelas religiões, estão ligadas de forma imanente à identidade cultural brasileira. Contudo, por não reconhecerem os aspectos culturais da religiosidade (art. 215, §1º, da CF), é possível encontrar autores que enxergam essas manifestações culturais como projeto de poder, de dominação e subjugação política e social por determinada crença religiosa.

> Hoje, ao entrar em cidades como Paraty, Mauá, Sorocaba, entre outras pelo Brasil aforam você encontrará a normatização de um movimento "cristãocêntrico" fortalecido por meio de frases de conversão de massa e exclusão de religiões tidas como inferiores e menores. "Jesus Cristo é o senhor de Mauá", "Paraty pertence a Jesus" e "Sorocaba é do senhor Jesus Cristo" são alguns dos exemplos de um movimento absolutamente etnocêntrico e da promiscuidade entre o público e o privado-religioso. (NOGUEIRA, 2020, p. 29).

Apesar da crítica, Nogueira (2020) não esclarece se a proibição de placas com afirmações de fé religiosa sobre determinadas cidades deve ser exclusiva às religiões cristãs ou se abrangeria toda e qualquer religião. Além de não esclarecer se a religiosidade, em sua ótica, deveria ser restringida ao âmbito privado. Na realidade a exposição de placas, cartazes, outdoors, estátuas etc., firmados por religiões não ofende a laicidade brasileira, muito menos revela qualquer tipo de promiscuidade entre o público e o privado. Pelo contrário, tais manifestações estão englobadas na liberdade religiosa e destacam o âmbito cultural do fenômeno religioso.

> Ao limitar a esfera do religioso à esfera do estritamente individual e privado, há uma mutilação no próprio caráter relacional da pessoa, e uma ofensa a um dos fundamentos do próprio Estado – que é a dignidade da pessoa humana em sua substância e em todas as suas relações. [...] Ele [Estado brasileiro] deve olhar para as religiões como um fenômeno próprio da dignidade das pessoas, que, como vimos, antecede e fundamenta o próprio Estado. E deve

> buscar com elas não somente o afastamento daqueles empecilhos e obstáculos ao seu funcionamento, mas também o estabelecimento de colaboração para o interesse público – e, portanto, para o bem de todos, que é o objetivo do Estado brasileiro, nos termos do art. 3º, IV.
> Entre os objetivos valiosos está o cuidado que o Estado deve ter com a história e cultura daqueles segmentos da população que são considerados "participantes do processo civilizatório nacional" (art. 215, §1º [CF]) e que, portanto, são detentores de uma cultura e uma expressão perfeitamente integrada ao nosso povo. (BRANCO; JACOBINA, 2016, p.15-16, 20)

Os muitos incisos, artigos e parágrafos no texto constitucional relacionados ao fenômeno religioso mostram a preocupação do legislador constitucional em elevar à categoria de direito fundamental a liberdade religiosa, e tutelar os seus mais diversos âmbitos e situações. Constituindo-se, pois, o Brasil um país laico, de povo religioso, e com uma ordem constitucional laica, porém não aversa à religiosidade, reconhecendo a importância social, espiritual e cultural do fenômeno religioso, e oferecendo diversos meios de tutela jurisdicional.

2.3 Âmbito de proteção, área de regulação e as limitações da liberdade religiosa no direito constitucional brasileiro

O tipo normativo de um direito fundamental é composto pela definição da área de regulamentação, da área de proteção objetiva e da área de proteção subjetiva, conceitos derivados da dogmática alemã dos direitos fundamentais e amplamente empregados na doutrina brasileira (DIMOULIS; MARTINS, 2012, p.132).

Por área de regulamentação deve-se entender como determinado tema foi tratado na Constituição (DIMOULIS, MARTINS, 2012, p.134). Ela é composta de dois elementos, sendo o primeiro a "descrição da situação ou relação fática, de cunho físico ou social" e o segundo sendo a "indicação de uma decisão ainda que genérica do constituinte a respeito dessa situação real que indica o que deve acontecer em relação a ela" (DIMOULIS, MARTINS, 2012, p.134). Assim, segundo os autores, teríamos a descrição fática – por exemplo, comunicar-se à distância – e a decisão ou indicação do constituinte sobre esse fato – "a comunicação deve realizar-se em condições de liberdade".

Vieira de Andrade (2019, p.263) esclarece que o âmbito de proteção constitucional de um direito fundamental é a determinação de que bens ou esferas de ação são abrangidos e protegidos pelo dispositivo constitucional que prevê o direito, distinguindo-o de outros direitos fundamentais e de situações não abrangidas pela norma constitucional. Portanto, a definição da área de proteção estaria ligada à interpretação constitucional, à compreensão das normas constitucionais e seus limites. Uma definição clara sobre a área de proteção é apresentada por Marcelo Schenk Duque, que diz:

> O âmbito de proteção de um direito fundamental é considerado como a hipótese de incidência desse direito *(Grundrechtstatbestand)*. Ele nomeia o tema da proteção jurídico-fundamental, marcando, com isso, o bem protegido e o potencial alcance jurídico dessa proteção. Quando se fala em âmbito de proteção de um direito fundamental, tem-se em mente um âmbito da vida no qual o direito fundamental desenvolve uma função de proteção. [...] O âmbito de proteção de um direito fundamental informa não apenas se determinado direito deve ser aplicado ou não, mas, igualmente, em que medida ele deve ser interpretado. (DUQUE, 2014, p. 226)

Por sua vez, a área de proteção pode ser menor do que a área de regulamentação, pois o constituinte, na maioria dos casos, escolhe determinadas situações dentro da área de regulamentação para dar uma proteção específica, deixando outras áreas sem proteção.

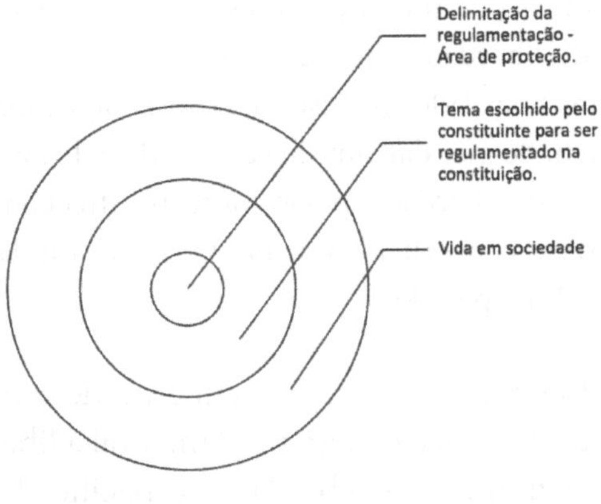

FIGURA 1. Elaborada pelo autor.

A Constituição Federal de 1988 positivou um extenso rol de direitos e garantias fundamentais e, dentre os muitos direitos fundamentais previstos em seu texto, e principalmente no artigo 5º, deu amplo espaço para a liberdade. O constituinte não sistematizou os direitos fundamentais de liberdade, pelo contrário, os "pulverizou" (Tavares, 2021, p. 496) em diversas manifestações nos muitos incisos do artigo 5º e nos demais artigos constitucionais que tratam sobre direitos fundamentais. A sistematização feita por André Ramos Tavares (2021, p. 496) é apropriada para facilitar a compreensão sobre os direitos de liberdade, que seriam: a liberdade de circulação e de locomoção; a liberdade de pensamento e de expressão intelectual; a liberdade de informação, comunicação e expressão; a liberdade de associação; a liberdade de reunião; a liberdade econômica (iniciativa e concorrência); a liberdade de consciência religiosa (crença, culto, liturgia).

Ingo Wolfgang Sarlet (MARINONI, MITIDIERO, SARLET, 2013, p.442-448) defende a existência de um direito geral de liberdade na Constituição brasileira, previsto no artigo 5º, *caput,* da CF e com apoio no parágrafo segundo também do artigo 5º. Sarlet aborda a existência do direito geral de liberdade, enfrentando as críticas que lhe são feitas e estabelecendo a importância e os efeitos do reconhecimento desse direito. Para ele o direito geral de liberdade atua como

> ...critério material para identificação de outras posições jurídicas fundamentais, em especial, como parâmetro para a dedução de liberdades específicas que não foram objeto de direta e expressa previsão pelo constituinte. [...] O direito geral de liberdade (liberdade geral) também está aberto à integração com outras liberdades previstas nas declarações de direitos no plano internacional, além de guardar sintonia com a ideia de liberdades implícitas. [...] O direito geral de liberdade, nesse contexto, atua como uma espécie de cláusula de abertura constitucional para liberdades fundamentais especiais não nominadas. (2013, p.444).

A construção dogmática e o reconhecimento de um direito geral de liberdade é algo que reforça o direito fundamental à liberdade no direito brasileiro, corroborando com as liberdades especificadas no extenso rol do artigo 5º e dando fundamento para outras liberdades não especificadas em nossa Constituição.

Especificamente quanto à liberdade de expressão, o primeiro passo é compreender qual é a área de proteção do artigo 5º, inciso IV, da Constituição Federal, que o diz: "é livre a manifestação do pensamento, sendo vedado o anonimato".

Leonardo Martins (2012, p. 214-217) adverte que a definição da área de proteção do referido dispositivo constitucional depende da escolha teórica entre a teoria liberal e a teoria funcional-democrática. Pela teoria liberal o emprego pelo constituinte de termos genéricos implica uma interpretação mais ampla possível em favor da liberdade de expressão. Já a teoria funcional-democrática compreende a liberdade de expressão a partir do papel ou função desta para o processo democrático, o conteúdo jurídico da liberdade de expressão seria objetivo. A opção teórica deste livro acompanha a doutrina de Leonardo Martins que adota a teoria liberal, pois vislumbra a liberdade de expressão como sendo primeiramente um direito público subjetivo e oponível contra uma intervenção Estatal. O autor defende que o termo pensamento pode ser traduzido por opinião em sentido amplo, ou seja, "expressar o pensamento significa revelar um juízo de valor a respeito de um dado objeto", sendo irrelevante o conteúdo deste juízo de valor. Apresenta ainda uma distinção entre afirmações de fatos e juízos de valor, reconhecendo que, mesmo nas afirmações de fato, há influência da opinião de quem expressa.

Sarlet (2013) defende que o âmbito de proteção da liberdade de expressão deve ser interpretado de forma ampla, abarcando tanto manifestações sobre fatos, como também manifestações de ideias, convicções, juízos de valor. O autor, seguindo a doutrina de J.J. Gomes Canotilho e Vital Moreira, nega a "existência de um dever de verdade quanto aos fatos", não aceitando também a existência de delitos de opinião. A liberdade de expressão protege a manifestação do pensamento, sobre qualquer pessoa, qualquer tema, público ou privado, de relevância ou irrelevante ao debate público (MENDES, BRANCO, 2019, p. 268). Ressaltando-se que a importância ou validade de uma manifestação do pensamento não pode, de forma alguma, ser filtrada pelo Estado, pois

> Não é o Estado que deve estabelecer quais as opiniões que merecem ser tidas como válidas e aceitáveis, essa tarefa cabe, antes, ao público a que essas manifestações se dirigem. Daí a garantia do art. 220 da Constituição Brasileira. (MENDES, BRANCO, 2019, p. 269).

Os autores distinguem a tutela do conteúdo de uma manifestação do pensamento, defendendo que, em âmbito comercial, não seria aceitável a divulgação de informação falsa sobre produto ou serviço. (MENDES, BRANCO, 2019, p. 280). Destacando a relevância do contexto para a limitação ou ampliação da liberdade de expressão.

Ela seria tanto um direito negativo, de defesa, no sentido de o titular não ser impedido de manifestar sua expressão, como também tem uma dimensão positiva, como direito de acesso aos meios de comunicação. Possuindo ainda uma dimensão subjetiva e objetiva, como direito subjetivo individual e coletivo e como dever estatal de tutela (SARLET, MARINONI, MITIDIERO, 2013, p. 457).

A liberdade de expressão tem limites expressamente previstos na Constituição Federal, no artigo 220, e no próprio artigo 5º, incisos V, X, XIII e XIV. Podendo ainda, ser limitada no contexto de colisões entre direitos fundamentais. Contudo, a constituição veda expressamente a censura prévia, escolhendo o sistema de indenização pelo abuso do exercício da liberdade de expressão. O Constituinte fez uma opção pela forma de tutelar os direitos da personalidade, a honra e a dignidade da pessoa humana quando hipoteticamente violadas pela liberdade de expressão, e a escolha foi de responsabilização posterior. Adequada a colocação de Carlos Ayres Britto ao afirmar que

> Mas a premissa da Constituição é uma só: *não é pela possibilidade de agravo a terceiros, ou de uso invasor da liberdade alheia, que se vai coibir a primitiva liberdade de expressão* (que se define, assim, como liberdade absoluta, nesse plano da incontrolabilidade de sua apriorística manifestação). (Itálico no original). (BRITTO, 2006, p. 149).

Em relação à liberdade religiosa, a Constituição faz uso do termo "liberdade de crença" no artigo 5º, inciso VI, que diz: "é inviolável a liberdade de consciência e de crença, sendo assegurado o livre exercício dos cultos religiosos e garantida, na forma da lei, a proteção aos locais de culto e a suas liturgias". É interessante que o constituinte entendeu que a liberdade de consciência está mais próxima da liberdade de crença do que da liberdade de manifestação do pensamento. De forma que existem dois direitos fundamentais no inciso VI do artigo 5º da CF, um direito fundamental à liberdade de crença e um direito fundamental à liberdade de consciência. Por consciência entende-se

> ...a postura moral, que também constitui a identidade pessoal de um indivíduo e que lhe prescreve de forma cogente, numa determinada situação, a praticar determinadas ações tomadas por 'boas' ou 'justas', deixando de praticar outras, por considerá-las 'ruins' ou 'injustas'. (PIEROTH; SCHLINK, 2007, p. 128 *apud* MARTINS, 2012, p. 357)

Já a liberdade de crença, a liberdade religiosa, "corresponde à atividade de professar uma fé religiosa ou quaisquer das demais formas de concepção do mundo e da existência" (MARTINS, 2012, p. 357), "ligadas à transcendência do material/racional em busca do liame com o espiritual ou divino (do latim *religare* como base etimológica do conceito de religião)" (MARTINS, 2021). Celso Ribeiro Bastos (2010) diferencia a liberdade de crença da liberdade de consciência, defendendo que "uma consciência livre pode determinar-se no sentido de não ter crença alguma. Deflui, pois, da liberdade de consciência uma proteção jurídica que inclui os próprios ateus e os agnósticos", (p.299-300). Afirmando ainda que "a liberdade de consciência pode apontar para uma adesão a certos valores morais e espirituais que não passam por sistema religioso algum" (p.300), dando como exemplo os movimentos pacifistas.

Se tais liberdades são invioláveis, por conseguinte não podem ser motivos para privação de direitos de seus titulares, com a ressalva de que pode haver privação de direitos se o titular invocar o inciso VI para "eximir-se de obrigação legal a todos imposta e recusar-se a cumprir prestação alternativa, fixada em lei" (inciso VIII). Tem-se aqui um limite constitucional da liberdade de crença e de consciência, como defendido por Martins (2012, p. 356).

A liberdade religiosa no Brasil é fundada nos incisos do artigo 5º, bem como em outros artigos da Constituição Federal. A liberdade religiosa é um *"direito complexo"* com vários elementos (crença, conduta, culto), titulares (pessoa física e jurídica), e dimensões (negativa e positiva), e com eficácia vertical e horizontal, se distinguindo da liberdade de consciência e de expressão da opinião (WEINGARTNER NETO, 2007, p. 61-63). A liberdade religiosa possui duas grandes dimensões, que são: como direito subjetivo e como vetor objetivo.

> A liberdade religiosa compreende duas grandes dimensões, apresentando-se como direito subjetivo (1) e como vetor objetivo (2). Examinada na ótica do direito subjetivo, comporta duas outras categorias, consonante o titular respectivo: direitos subjetivos individuais (1.1), que pertencem aos brasileiros e estrangeiros (pessoas naturais), incluindo os menores e os incapacitados (com as devidas particularidades, especialmente no seu exercício); e direitos subjetivos das pessoas jurídicas (1.2), titulados pelas igrejas e confissões religiosas. Vista pelo prisma objetivo, a liberdade religiosa apresenta pelo menos três vertentes: princípios (2.1), deveres de proteção (2.2) e garantias institucionais (2.3). (WEINGARTNER NETO, 2007, p. 68).

O estudo de Jayme Weingartner Neto (2007) é uma das principais e mais aprofundadas obras na literatura brasileira sobre a liberdade religiosa na constituição brasileira. O autor sistematizou em um *"Catálogo de Posições Jusfundamentais (CPJ)"* derivadas do direito fundamental à liberdade religiosa, elencando as muitas facetas e direitos que o direito complexo da liberdade religiosa abarca. O CPJ é extenso e teve por finalidade englobar todos os direitos fundamentais decorrentes da liberdade religiosa. Abaixo organizamos em três tabelas o "CPJ", salientando-se que a autoria dos textos é de Weingartner Neto (2007, p. 72-77), e que aqui apenas modificamos a forma de apresentação, que na obra original do autor está em texto corrido, enquanto aqui organizamos em tabelas com intuito didático.

Liberdade religiosa como **direito subjetivo individual**:

Liberdade de ter, não ter ou deixar de ter religião;
Liberdade de crença, de escolher livremente, mudar ou abandonar a própria crença religiosa;

<table>
<tr><td colspan="2">Liberdade de atuação segundo a própria crença (unidade essencial entre crença e conduta religiosa – agir ou não agir em conformidade com as normas da religião professada);</td></tr>
<tr><td rowspan="3">Liberdade de professar a própria crença:</td><td>procurar para ela novos crentes (proselitismo),</td></tr>
<tr><td>exprimir e divulgar livremente, pela palavra, pela imagem ou por qualquer outro meio, o seu pensamento em matéria religiosa;</td></tr>
<tr><td>inclusive de produzir obras científicas, literárias e artísticas sobre religião;</td></tr>
<tr><td colspan="2">Liberdade de informar e se informar sobre religião;</td></tr>
<tr><td colspan="2">Liberdade de aprender e ensinar religião;</td></tr>
<tr><td rowspan="3">Liberdade de culto, de praticar ou não praticar os atos de culto, particular ou público, da religião professada:</td><td>a liberdade de culto inclui a inviolabilidade dos templos e direitos de participação religiosa:</td></tr>
<tr><td>aderir à igreja ou confissão religiosa que escolher, participar na vida interna e nos ritos religiosos celebrados em comum e receber a assistência religiosa que pedir;</td></tr>
<tr><td>celebrar casamento e ser sepultado com os ritos da própria religião;
comemorar publicamente as festividades religiosas da própria religião;</td></tr>
<tr><td colspan="2">[Liberdade de] reunir-se, manifestar-se e associar-se com outros de acordo com as próprias convicções e em matéria religiosa;</td></tr>
<tr><td rowspan="3">Direito à privacidade religiosa, pelo qual:</td><td>ninguém pode ser perguntado por qualquer autoridade acerca das suas convicções ou prática religiosa, salvo, para recolha de dados estatísticos não individualmente identificáveis, nem ser prejudicado se recursar a responder</td></tr>
<tr><td>direito de escolher para os filhos os nomes próprios da onomástica religiosa da religião professada;</td></tr>
<tr><td>direito de educação dos filhos em coerência com as próprias convicções em matéria religiosa;</td></tr>
<tr><td colspan="2">Direito à objeção de consciência por motivo de crença religiosa, com atribuição de serviço alternativo ao serviço militar obrigatório;</td></tr>
<tr><td colspan="2">Direito à assistência religiosa em situações especiais: na qualidade de membro, ainda que transitório, das forças armadas ou de segurança pública; ou em caso de internamento em hospitais, asilos, colégios, estabelecimentos de saúde, de assistência, de educação e similares; bem como em caso de privação de liberdade em estabelecimento prisional;</td></tr>
</table>

<table>
<tr><td colspan="2">Direito à dispensa do trabalho e de aulas/provas por motivo religioso, quando houver coincidência com os dias de descanso semanal, das festividades e nos períodos e horários que lhes sejam prescritos pela confissão que professam;</td></tr>
<tr><td rowspan="3">O conteúdo negativo da liberdade religiosa avulta nas seguintes hipóteses, em que ninguém pode</td><td>ser obrigado a professar uma crença religiosa, a praticar ou a assistir atos de culto, a receber assistência religiosa ou propaganda em matéria religiosa;</td></tr>
<tr><td>ser coagido a fazer parte, a permanecer ou a sair de associação religiosa, igreja ou confissão, sem prejuízo das respectivas normas sobre filiação e exclusão dos membros;</td></tr>
<tr><td>ser obrigado a prestar juramento religioso;</td></tr>
<tr><td colspan="2">Direito a tratamento diferenciado para as pessoas consideradas ministros de culto pelas normas da respectiva igreja ou confissão religiosa, que envolve ampla liberdade de exercer seu ministério, direito à seguridade social, isenção de serviço militar, escusa de intervenção como jurado ou testemunha;</td></tr>
<tr><td colspan="2">Direito ao ensino religioso em escola pública de ensino fundamental;</td></tr>
</table>

TABELA 1. Elaborado pelo autor.

Liberdade religiosa como **direito subjetivo das igrejas ou organizações religiosas**:

<table>
<tr><td rowspan="3">Um direito geral de autodeterminação</td><td>Autocompreensão e autodefinição no que tange à identidade religiosa e ao caráter próprio da confissão professada, bem assim no tocante aos fins específicos da atividade de cada sujeito titular do direito;</td></tr>
<tr><td>Auto-organização e auto-administração, podendo dispor com autonomia sobre: formação, composição, competência e funcionamento de seus órgãos; representação, funções e poderes dos seus representantes, ministros etc.; direitos e deveres religiosos dos crentes; adesão ou participação na fundação de federações ou associações interconfessionais, com sede no país ou nos estrangeiro;</td></tr>
<tr><td>Autojurisdição e autodissolução</td></tr>
</table>

<table>
<tr><td rowspan="10">Liberdade de exercício das funções religiosas e do culto, podendo, sem a interferência do Estado ou de terceiros:</td><td>Exercer os atos de culto, privado ou público, sem prejuízo das exigências de polícia e trânsito;</td></tr>
<tr><td>Estabelecer lugares de culto e reunião para fins religiosos, inclusive construir ou abrir edifícios religiosos e adquirir e usar os bens convenientes;</td></tr>
<tr><td>Ensinar na forma e pelas pessoas autorizadas por si a doutrina da confissão professada;</td></tr>
<tr><td>Difundir a confissão professada e procurar para ela novos crentes (proselitismo);</td></tr>
<tr><td>Assistir religiosamente os próprios membros;</td></tr>
<tr><td>Comunicar e publicar atos em matéria religiosa e de culto (divulgar o próprio credo);</td></tr>
<tr><td>Relacionar-se e comunicar-se com as organizações similares ou de outras confissões, no território nacional ou no estrangeiro;</td></tr>
<tr><td>Designar e formar os seus ministros;</td></tr>
<tr><td>Fundar seminários ou quiser outros estabelecimentos de formação ou cultura religiosa</td></tr>
<tr></tr>
<tr><td colspan="2">Direito de autofinanciamento, podendo pedir e receber contribuições voluntárias, financeiras e de outros tipos, a particulares e instituições;</td></tr>
<tr><td rowspan="4">Exercício de atividades não religiosas de caráter instrumental, consequencial ou complementar das suas funções religiosas, podendo:</td><td>Criar escolas particulares e cooperativas e, de modo geral, promover instituições religiosas e constituir associações e fundações educacionais, culturais, caritativas e sociais de inspiração religiosa;</td></tr>
<tr><td>Praticar beneficência dos crentes ou de quaisquer pessoas;</td></tr>
<tr><td>Promover as próprias expressões culturais ou a educação e a cultura em geral;</td></tr>
<tr><td>Utilizar meios de comunicação social próprios para a prossecução de suas atividades</td></tr>
</table>

Tabela 2. Elaborada pelo autor.

A liberdade religiosa **como vetor objetivo** é composta pelos **princípios, deveres de proteção e pelas garantias institucionais**.

Princípios	Separação – que afirma que as igrejas e confissões religiosas estão separadas da estrutura e da organização político-administrativa do Estado, e são, portanto, livres na sua organização e no exercício de suas funções de culto;	
	Não-confessionalidade	O Estado não adota qualquer religião (é vedado que estabeleça cultos religiosos ou igrejas), nem se pronuncia sobre questões religiosas, o que exclui subvencionar, embaraçar o funcionamento ou manter com as confissões religiosas relações de dependência ou aliança;
		Nos atos oficiais e no protocolo do Estado será observado o princípio da não confessionalidade
		O Estado não pode programar a educação e a cultura segundo quaisquer diretrizes religiosas;
		O ensino público não pode ser confessional;
	Cooperação	Assegurando a prestação de assistência religiosa nas entidades civis e militares;
		Isentando os eclesiásticos do serviço militar obrigatório em tempos de paz;
		Limitando seu poder de tributar, ao vedar a instituição de impostos sobre templos de qualquer culto;
		Assegurando o ensino religioso, de matrícula facultativa, nas escolas públicas de ensino fundamental
		Celebrando acordos específicos para a consecução de atividades comuns e afins, sempre com chancela constitucional;
		Auxiliar os pais no exercício do poder familiar, para que possam educar os filhos de acordo com suas crenças religiosas;
		Assegurar as manifestações públicas de exercício dos cultos religiosos;
		Criar condições organizacionais e procedimentais, no âmbito laboral e educacional, para o mais amplo exercício do direito de dispensa ao trabalho e de aulas/provas por motivo religioso;
		Reconhecer a validade civil, sob condições reguladas, do casamento celebrado de forma religiosa;

<table>
<tr><td rowspan="3">Princípios</td><td colspan="2">Solidariedade – ao fomentar as atividades educativas e assistenciais das confissões religiosas, por meio da limitação do poder estatal de tributar, especificamente vedando impostos sobre patrimônio, renda ou serviços, desde que sem fins lucrativos e relacionados com as atividades essenciais das respectivas confissões;</td></tr>
<tr><td rowspan="2">Tolerância</td><td>Dever de tolerância por parte do Estado</td></tr>
<tr><td>Dever de tolerância por parte dos particulares, pessoas naturais ou jurídicas, de não perseguir e não discriminar os titulares dos direitos subjetivos correspondentes ao cluster da liberdade religiosa, quando do respectivo exercício;</td></tr>
<tr><td rowspan="3">Deveres de proteção</td><td colspan="2">Proteção dos indivíduos (defesa da liberdade religiosa individual);</td></tr>
<tr><td colspan="2">Proteção da sociedade civil contra os abusos (inclusive coordenando as diversas liberdades religiosas coletivas);</td></tr>
<tr><td colspan="2">E criar condições para que as confissões religiosas desempenhem suas missões (dever de aperfeiçoamento);</td></tr>
<tr><td rowspan="4">Garantia institucional</td><td colspan="2">Liberdade religiosa individual (autodeterminação da personalidade);</td></tr>
<tr><td colspan="2">Liberdade religiosa coletiva (autodeterminação confessional), as igrejas como instituição;</td></tr>
<tr><td colspan="2">Princípio da igualdade;</td></tr>
<tr><td colspan="2">Diversidade e pluralismo religioso (que reflete na abertura e no pluralismo do espaço público);</td></tr>
</table>

TABELA 3. Elaborada pelo autor.

O catálogo de posições jurídicas do direito fundamental à liberdade religiosa na Constituição brasileira é extenso e bastante detalhado. As muitas situações fáticas e jurídicas descritas demonstram a grande relevância da liberdade religiosa e de seu impacto social, individual, organizacional e político. A construção de um país caracterizado pela pluralidade de crenças, pela tolerância, e harmonia social depende da compreensão das muitas facetas da liberdade religiosa.

2.4 As relações entre Estado e Religião e a opção do constituinte brasileiro de 1988

A história nos legou exemplos de relações entre o Estado e a Religião, ou entre o poder político e o religioso, que demonstram os erros e acertos das teorias propostas e utilizadas para equalizar esta relação.

Norberto Bobbio (1995, p. 181-182) apresenta uma classificação sintética desse relacionamento que seria: *reductio ad unum*; subordinação; coordenação e separação. Na *reductio ad unum – uma redução para um* – não há distinção entre o Estado e a Igreja, mas sim uma união, podendo ocorrer de duas maneiras, com a redução do Estado à Igreja, configurando-se numa teocracia, ou com a redução da Igreja ao Estado, correspondendo ao cesaropapismo ou erastismo. A subordinação pode ser vista como a prevalência do Estado sobre a Igreja ou da Igreja sobre o Estado. Aqui, diferente da redução para um, reconhecem-se as duas esferas do Estado e da Igreja, contudo, não há plena autonomia, com sobreposição de um e subordinação de outro. Na coordenação tem-se um sistema fundando sobre o relacionamento concordatário, pressupondo "o reconhecimento recíproco dos dois poderes como 'cada um, na própria ordem, independentes e soberanos (p.182). Por fim, na separação, há plena distinção entre a Igreja e o Estado, estando as Igrejas no nível de associações civis privadas, tendo liberdade de exercício e sua "missão" dentro dos limites legais.

Para Manoel Jorge Silva e Neto (2018, p. 41-42) as formas de relacionamento entre o Estado e a Religião são quatro: união, confusão, separação e colisão. Afirma o autor que na união há uma preferência direta do poder político por uma religião específica, como na Constituição Imperial Brasileira de 1824. Na confusão não há fronteiras entre o poder político e o religioso, não sendo possível identificar as esferas de atuação do Estado e da Religião. O "Estado é o próprio segmento religioso e a religião é o Estado" (2018, p. 42). O modelo de separação é o da laicidade, com a diferenciação entre as esferas política e a religiosa, e com cada possuindo autonomia, legitimação e fundamentação própria, como será demonstrado no próximo subtópico. O último modelo é o de colisão, no qual há um conflito entre o Estado e a Religião, como verificado no laicismo francês (2018, p.42).

Por sua vez, Jorge Miranda (2016, p. 188) elenca as formas de relação entre Estado e Igreja em três modelos, que seriam: a identificação; a não identificação; e a oposição. O autor elaborou um quadro didático das possíveis relações e de seus desdobramentos, que é útil para esta livro.

<table>
<tr><td rowspan="2">A) Identificação entre Estado e religião, entre comunidade política e comunidade religiosa (Estado Confessional)</td><td colspan="2">Com domínio do poder religioso sobre o poder político</td><td>Teocracia</td></tr>
<tr><td colspan="2">Com domínio do poder político sobre o poder religioso</td><td>Cesaropapismo</td></tr>
<tr><td rowspan="4">B) Não identificação (Estado Laico)</td><td rowspan="4">Com união entre o Estado e uma confissão religiosa (religião do Estado)</td><td rowspan="2">União com ascendentes de um dos poderes sobre o outro</td><td>Clericalismo (ascendente do poder religioso)</td></tr>
<tr><td>Regalismo (ascendente do poder político)</td></tr>
<tr><td colspan="2">União com autonomia relativa</td></tr>
<tr><td colspan="2">Separação relativa (com tratamento especial ou privilegiado de uma religião)</td></tr>
<tr><td rowspan="3">C) Oposição do Estado à religião</td><td>Com separação</td><td colspan="2">Separação absoluta (com igualdade absoluta das confissões religiosas)</td></tr>
<tr><td>Oposição relativa</td><td colspan="2">Estado laicista</td></tr>
<tr><td>Oposição absoluta</td><td colspan="2">Estado ateu (ou de confessionalidade negativa)</td></tr>
</table>

Quadro elaborado por Jorge Miranda (2016).

Nos países que adotam o modelo de separação ou de não identificação entre o Estado e a Igreja, o debate é construído em torno do conceito de neutralidade estatal. Uma pontuação é necessária: a liberdade religiosa e o pluralismo religioso podem existir mesmo num contexto de estado confessional, contudo, de forma menos robusta, diante da preferência do Estado por uma confissão de fé específica. De forma que, "embora a neutralidade do Estado não seja essencial à existência de pluralidade religiosa, essa só pode aflorar *plenamente* em Estados que adotam o postulado separatista e a postura de neutralidade religiosa" (TAVARES, 2008, p. 16).

O Brasil tem dispositivo constitucional expresso sobre o tema, que é o artigo 19, I da Constituição Federal. Desse texto constitucional seria possível extrair a regra da não-identidade e o princípio da neutralidade.

Esse texto constitucional é o fundamento da laicidade no Brasil. Todavia, como se demonstrará no próximo subtópico, há muita confusão e indeterminação conceitual sobre a palavra laicidade. Neste momento é suficiente dizer que laicidade não significa repugnância, aversão ou distanciamento do fenômeno religioso pelo Estado.

> Pretender que o Estado adote um total distanciamento da religião pode significar algo não apenas não desejável como também impossível (e fraudulento, neste sentido, por estar a encobrir uma realidade não declarada e, possivelmente, não-consentida e não-compartilhada socialmente), além de ser um caminho propício para a diminuição da liberdade religiosa plena. (TAVARES, 2008, p. 17)

Mendes e Branco (2019, p. 325), interpretando o artigo 19, I da CF, afirmam que a laicidade brasileira não significa inimizade, tendo o constituinte vislumbrado âmbitos e possibilidades de colaboração em benefício da sociedade ou do interesse público. Para os autores

> A sistemática constitucional acolhe, expressamente, medidas de ação conjunta dos Poderes Públicos com denominações religiosas. É evidente que, nesses casos de colaboração, a instituição religiosa não perde a sua essência. Seria grotesco contrassenso exigir que as entidades abandonassem a sua índole confessional e as suas práticas religiosas correspondentes, quando atuam, em algum setor, em colaboração com o Poder Público. Se assim fosse, não haveria *colaboração*, mas *absorvição*, frustrante do escopo da norma e imprópria à neutralidade (que igualmente significa não impedimento), instrumentalizada no art. 19. A Constituição, nessa linha, reconhece também como oficiais certos atos praticados no âmbito de cultos religiosos, como ocorre ao estender efeitos civis ao casamento religioso (art. 226, §2º). (MENDES, BRANCO, 2019, p. 325).

Um aspecto negligenciado é a dimensão cultural do fenômeno religioso no Brasil. De acordo com a Constituição Federal de 1988, a cultura é elemento normativo (art. 215 da CF) devendo ser preservada e promovida (TAVARES, 2008, p. 23). A correta interpretação do artigo 19, I, da CF deve ser feita em consonância com o art. 215, não sendo possível negar ao fenômeno religioso sua relevância cultural e impedir a identificação cultural, regional ou nacional da sociedade brasileira com o fenômeno religioso.

> Há uma nítida imbricação entre determinadas manifestações religiosas no Brasil (e não apenas o catolicismo) com a formação nacional de uma identidade e de uma cultura própria. Nesses casos, o Estado encontra-se obrigado a agir protegendo essas manifestações em suas diversas dimensões. (TAVARES, 2008, p. 24).

Rothenburg (2016, p. 43) defende uma atuação estatal positiva para com a religião, afirmando que por meio dela se chegaria à "realização democrática da liberdade religiosa". Essa interferência positiva deve ser "imparcial, transparente, justificada e controlável". Admitindo que o "Estado pode chegar a promover alguma convicção, seja secular (acentuando a laicidade), seja confessional, por meio de medidas corretivas (ações afirmativas)" (2016, p. 43). No mesmo sentido é a opinião de Milene Cristina Santos (2017, 71-72). Embora os autores defendam uma ação afirmativa do Estado em matéria de liberdade religiosa, não apresentam exemplos para elucidar como seria uma ação afirmativa nesse contexto. Diante da multidão de crenças religiosas, algumas com milhões de adeptos, outras com poucas centenas de fiéis, da diversidade de crenças e da forma de expressão delas, é bastante complicado admitir uma ação afirmativa que não viole a laicidade, ou mesmo que não demonstre uma preferência do Estado por determinada Religião, ainda que com apresentação de justificativas que buscassem uma imparcialidade e uma defesa da liberdade religiosa. Deixamos clara, assim, nossa opção teórica contrária a admissão de ações afirmativas em matéria de liberdade religiosa.

Para além das possíveis relações entre o Estado e a Religião, ainda existem as relações entre a Religião e a Política. Segundo Giuseppe Tosi (2018, p. 383) há três relações possíveis entre a religião e a política: tem-se a religião como instrumento de governo, que pode ser tanto a religião que utiliza a política ou a política que utiliza a religião; a religião contra a política, que critica e pressupõe uma incompatibilidade entre elas, mas que ao final, propõe uma ampla reforma da política; e por fim, a política como religião, que pode ser uma religião civil de tipo democrático ou uma religião política de tipo autoritário ou totalitário. A discussão só é possível, segundo Tosi (2018, p. 385), porque o Cristianismo introduziu uma ruptura na identificação entre política e religião. "...antes do cristianismo não se poderia falar propriamente de uma aliança entre religião e política, porque as duas eram uma coisa só, não havia uma distinção clara" (2018, p. 385). Sobre o tema, para este livro é relevante a exposição de Tosi sobre a religião como política, que pode ser tanto uma religião civil de cariz democrática, ou pode ser uma religião política, de matriz totalitária ou autoritária. Tosi (2018, p. 408-409) apresenta o conceito de religião política de Emilio Gentile, definição associada a regimes não democráticos como o nazismo, o fascismo e o comunismo soviético, que propuseram uma sacralização da política, com a divinização do Estado e sua absolutização. A sacralização do Estado seria

> ... a instituição de um próprio sistema de crenças, de mitos, de dogmas e de mandamentos que envolvem toda a existência individual e coletiva, através da imposição de um aparato de ritos e de festas, para transformar em modo permanente a coletividade em uma *"massa litúrgica* do culto político" (GENTILE, 2007, p. 73, *apud* TOSI, 2018, p. 408).

A divinização do Estado e sua sacralização são temas que merecem atenção, uma vez que, na tentativa de construção de um Estado cada vez mais laico, mas que em sua essência é laicista, pode-se tentar, como já foi feito, transportar elementos da religião para a figura do Estado, divinizando-o, desta feita, sem vinculação a uma religião tradicional.

> À necessidade de fé e de mitos por parte das massas, os estudiosos atribuem o proliferar das ditaduras no período entre as duas guerras, com a exaltação da figura do ditador como "homem forte", o "salvador", o 'enviado pela Providência" e com a divinização do Estado e da Nação como novas formas de verdade e certeza (GENTILE, 2007, p.81 *apud* TOSI, 2018, p. 408-409).

Por certo que não se pode confundir a sacralização da política "com a educação para os valores republicanos e democráticos que investem na esfera da ética pública compartilhada" (TOSI, 2018, p.410). O reconhecimento da importância da religiosidade para a sociedade democrática é elogiável, concebendo tanto a política como a religião em suas esferas próprias de atuação, e que, por suas características imanentes, não podem se substituir e nem se sobrepor.

> A política, inclusive a democrática, não é uma atividade meramente racional, ela precisa de mitos, de sentimentos, de identificações coletivas, de valores compartilhados, de identidades, de segurança, de administração do medo, e isso é o que as religiões oferecem e que a democracia nem sempre consegue oferecer. (TOSI, 2018, p. 417)

Enxergar as relações possíveis entre o Estado e a Religião é crucial, uma vez que, em um Estado de laicidade colaborativa como o brasileiro, é possível a adoção instrumental da religião pela política, ou mesmo da política como religião, extremos que devem ser evitados em prol de uma liberdade religiosa robusta e fortemente alicerçada.

2.5 O secularismo, laicidade e liberdade religiosa no contexto brasileiro

A ideia comum na sociedade é a de que o secularismo significa não só a separação entre o sagrado e o não sagrado – secular, como também que houve completa superação da necessidade de religiosidade, culminando com a irrelevância do fenômeno religioso numa sociedade contemporânea, marcada pela razão, esclarecimento e ciência. Contudo, a vinculação da secularização com uma suposta decadência, irrelevância e declínio da religião é uma herança de uma perspectiva de mundo racionalista, positivista e materialista.

Juan Fernando Segovia (2016), após separar as muitas definições sobre a secularização, as divide em dois grupos, as teorias sociológicas e as teorias filosófico-política, descrevendo seus principais autores e as insuficiências das duas perspectivas. O autor, num primeiro momento, afasta as concepções de secularização que em sua visão não são corretas. Para ele a secularização

> *... no es el avance de la razón y el progresivo elevarse del hombre hasta alturas casi divinas, proceso que se liga al Renacimiento; tampoco es el desencatamiento del mundo por el avance de la racionalización o modernización, ni la fe en el progresso, n ila muerte de*

> *Dios, n ila transferencia de los atributos divinos al hombre, el Estado, la técnica u otros saberes u objetos; no es la separación de Igresia y Estado ni la sanción progresiva de la legislación laicista; etc.* (SEGOVIA, 2016, p. 150)

Segovia propõe que a secularização *"consiste en un progresivo apartamiento de Dios como autor y fin del mundo y del hombre, es decir, de la Verdad, tal como la define la Iglesia Católica"* (2016, p. 150).

Rudolf von Sinner (2016, p.3) discorrendo sobre a secularização em perspectiva global, e enfocando principalmente na produção acadêmica alemã, pontua que as muitas posições sobre a secularização têm relação com o sentido usado para o termo. Para ele há, principalmente, três aspectos que devem ser elucidados, sendo eles:

> (1) processos de diferenciação ou desdiferenciação entre Estado, sociedade e religião; (2) o nexo da secularização e da modernização, que pode, então, em nível global, levar à constatação da existência de "secularidades" e "modernidades" no plural, entre as quais só existem associações causais limitadas; além disso, deve-se perguntar se tal secularização moderna precisa, então levar necessariamente a um recalque da religião; (3) o alcance público e privado da religião no respectivo contexto e a interação entre a religião e outros âmbitos da sociedade, que pode levar tanto a uma reconfiguração desse alcance quanto a uma influência mútua.

Fernando Catroga (2010) também apresenta duas grandes posições-tipo (expressão do autor) sobre a secularização. Uma posição definiu a secularização como a saída da religião de setores da sociedade e da cultura, em virtude do advento da modernidade e do "crescimento da consciência do eu, correlato de uma nova experiência de tempo e de certeza de que os homens seriam capazes, cada vez mais, de 'fazer' a história" (p.16). O outro tipo está ligado à "transferência do conteúdo, dos esquemas e dos modelos elaborados no campo religioso, para o campo profano, o que acaba por relativizar a novidade radical dos tempos modernos" (p.17). Embora algumas pessoas entendam que a secularização nasceu no iluminismo, Catroga explora que uma das causas da secularização teria origem judaico-cristã, e seria resumida em três pontos: a afirmação da transcendência de Deus e, em consequência, a autonomia entre o mundo natural e o político; o entendimento de Deus como um Deus "móvel", que intervém na história, quebrando a lógica circular do cosmos; e, por fim, a normatividade judaica e a esperança escatológica; (2010, p. 24-25). Na verdade, como bem explicou Sinner (2016, p.3), nem os teólogos e teólogas são automaticamente inimigos da secularização, nem os defensores da secularização são também inimigos da religião.

A concepção considerada por este trabalho como adequada foi a proposta por Niklas Luhmann (2007) e adotada no Brasil por Roberto Dutra (2016; 2018; 2021). Esta definição de secularização possibilita o estudo do tema sem comprometimentos prévios favoráveis ou desfavoráveis para com o fenômeno religioso. A secularização, para Luhmann,

> ... está ligada ao significado da diferenciação funcional da sociedade para a religião (LUHMANN, 2002ª, p. 282-283). O conceito demarca o ponto de partida das relações entre religião e sociedade: a diferenciação funcional e a condição secular. Porém, ele não estabelece um ponto de chegada, um *telos*, para o desenvolvimento específico desta relação em cada região ou pais. [...] Em vez de, por exemplo, seguir o caminho pré-fixado de uma retirada crescente da religião do espaço público como correlato necessário da diferenciação entre religião e política, a abordagem luhmanniana deixa em aberto como a religião pode ou não assumir formas mais ou menos potentes na vida social moderna: não há *telos*, seja este entendido em termos de declínio, de privatização, seja de desinstitucionalização; há sim evolução comandada por dose incontornável de contingência e acaso, mas também por estruturas e dependências de trajetória. Portanto, diferenciação funcional e secularização, ao contrário de serem tratadas como ponto de chegada *(telos)* e modelo convergente para a relação entre religião e política, são o ponto de partida para se compreender as diferentes formas e tendencias (muitas vezes contraditórias) assumidas pelo desenvolvimento da religião na modernidade (DUTRA; PESSOA, 2021, p. 236-237).

A sociedade como sistema social tem como subsistemas o direito, a religião, a política, a economia e outros. O secularismo seria a forma como o subsistema da religião enxerga os demais subsistemas. "O conceito de secularização serve para caracterizar o universo mundano como ordenado por lógicas diferenciadas da visão de mundo religiosa" (DUTRA,

PESSOA, 2021, p.237). Ou seja, o secularismo não seria uma aversão a religião, uma busca pela eliminação do fenômeno religioso da sociedade, mas, sim, uma consequência da diferenciação funcional dos subsistemas sociais (LUHMANN, 2007, p. 241-247). Por essas razões, o livro se vale dessa concepção teórica de secularização.

Na relação entre Igreja-Estado, e entre crença religiosa e a política, a laicidade é um termo sempre presente nas discussões, embora empregada com sentidos distintos. A confusão conceitual com a palavra laicidade também ocorre com os termos secularização, laicismo e neutralidade, sendo necessário esclarecer esses conceitos.

Laicidade não se confunde com secularização. Para Marco Huago (2008, p. 47) o termo secularização tem sua definição atrelada à sociedade. Por sua vez, o termo laicidade é melhor empregado quando referido ao Estado e suas instituições e sua relação com a religião.

Laicidade é um conceito diferente de laicismo. Este tem como característica o anticlericalismo, sendo hostil e indiferente ao fenômeno religioso, e termina por violar os direitos fundamentais como, a liberdade religiosa e suas muitas formas de manifestação (HUAGO, 2008, p. 47).

> Laicismo – pode definir-se como filosofia global, de exasperado racionalismo antropológico que "exclui qualquer referência a uma verdade transcendente alicerçadas na revelação" – radicado no republicanismo europeu, o laicismo pretendia um corte revolucionário com o antigo regime, a superar não só a tradição política como também o quadro epistemológico, num programa de desmantelar os alicerces da unidade político-religiosa e substituí-los por "estruturas emancipatórias". A "verdade que liberta", agora, é antimetafísica e positivista e gira em torno de um "quase metafísico princípio da verificação – o que se traduz numa atitude de "relativa hostilidade perante a religião", confinada do espaço público, a par da promoção deliberada de uma "mentalidade secularizada e indiferente" à religião. (WEINGARTNER NETO, 2007, p.147)

Há ainda dois termos que exigem uma diferenciação ante o conceito de laicidade, que são: confessionalidade e neutralidade. O primeiro "implica em que este [Estado] se mostre partidário de uma religião ou de um agrupamento religioso de maneira a atribuir-lhes direitos e privilégios que não outorga a outras". O segundo é normalmente confundido com indiferença, mas deve ser compreendido "como imparcialidade (em favor do princípio da igualdade) que o Estado deve perante todas as convicções e crenças religiosas ou filosóficas" (HUAGO, 2008, p. 48).

Roberto Blancarte definiu a laicidade como um "regime social de convivência", caracterizado pelo fato de que as instituições políticas são legitimadas de forma secular, pela soberania popular, não fixando mais sua legitimidade na religião e a soberania em uma pessoa, que seria o monarca (2008, p. 19). Para o autor, a laicidade não pode ser confundida com a separação entre Estado-Igreja, "podendo existir Estados que não são considerados formalmente laicos, possuindo igrejas nacionais, mas que sua legitimidade e soberania estão fixadas de forma secular e não no poder eclesiástico" (BLANCARTE, 2008, p. 20).

O conceito de laicidade está diretamente relacionado ao contexto social, político, religioso e cultural de um determinado país, sendo possível perceber graus diversos de laicidade (HUAGO, 2008), bem como que ela não ocorre de forma homogênea nos países ocidentais (ORO, 2008, p.83).

Para MARCO HUACO (2008, p. 42) a laicidade se difere da liberdade de pensamento, de consciência e de crença, estando em um plano superior a elas, e tem por conteúdo os seguintes elementos:

> a) separação orgânica e de funções, assim como autonomia administrativa recíproca entre os agrupamentos religiosos e o Estado, b) o fundamento secular da legitimidade e dos princípios e valores primordiais do Estado e do Governo, c) inspiração secular das normas legais e políticas públicas estatais, d) neutralidade, ou imparcialidade frente às diferentes cosmovisões ideológicas, filosóficas e religiosas existentes na sociedade (neutralidade que não significa ausência de valores, mas sim imparcialidade perante as diferentes crenças), e e) a omissão do Estado em manifestações de fé ou convicção ideológica junto aos indivíduos.

A laicidade no Brasil está prevista no artigo 19, inciso I, da Constituição Federal, contudo o constituinte positivou uma laicidade colaborativa, prevendo a possibilidade de "colaboração de interesse público" entre o Estado e as religiões. A laicidade é uma garantia constitucional relevante não apenas para o Estado, mas, principalmente, para as religiões, protegendo-as de interferências estatais e concedendo-lhes autonomia confessional, organizacional e administrativa.

Todavia, confunde-se com frequência, a laicidade colaborativa prevista na constituição com o laicismo e a aversão à religiosidade, postulando que as pessoas religiosas não possam exprimir suas ideias e convicções no espaço público, e obstando sua participação na democracia, impedindo-as de se elegerem ou de procurarem influenciar no debate legislativo e nas tomadas de decisões do executivo. Nessa perspectiva, as pessoas religiosas restringiriam sua crença ao ambiente privado. Falar sobre religião ou opinar sobre um tema de relevância social numa visão religiosa seria considerado uma violação à laicidade, indo de um Estado Religioso para o outro extremo, um Estado Ateu. Aqui há uma ingenuidade de acreditar que quem não é religioso não possui crença alguma, ou que o ateísmo não seria uma crença. Pertinente a pontuação de Sarmento (2008, p.191), para quem "o ateísmo, na sua negativa da existência de Deus, é também uma crença religiosa, que não pode ser privilegiada pelo Estado em detrimento de qualquer outra cosmovisão".

O direito é um subsistema social autônomo, mas mantem relações de influência recíproca com os demais subsistemas sociais, como a religião, a política, a moral etc. Dimitri Dimoulis, dissertando sobre as relações entre a moral e o direito, defende a existência de múltiplas influências, sem que cada um perca sua autonomia e diferenciação.

> Em primeiro lugar, o legislador compartilha convicções, valores e ideias difundidas na sociedade e os exprime por meio de suas normas. [...] Em outras palavras, o mais provável é que o próprio legislador adote e exprima os valores morais da sociedade ou que, pelo menos, tente satisfazer as expectativas da maioria da população, particularmente nos regimes da democracia representativa, em que a eleição dos políticos depende da confiança popular. Em segundo lugar, o legislador estabelece normas para que estas sejam cumpridas. Uma norma jurídica que contraria fortemente a moral social tem poucas chances de ser aplicada, não podendo legitimar-se. Por tal razão, os legisladores evitam elaborar normas que contrariam a moral, pois sabem que isso criará sérios conflitos, diminuindo a eficácia e a legitimidade do direito.

> [...] A aplicação do direito influencia as pessoas que, muitas vezes, passam a considerar aquilo que é legalmente estabelecido como justo e correto. Em outras palavras, a aplicação cotidiana do direito efetua uma propaganda moral, induzindo seus destinatários a aceitar como moralmente correto aquilo que é legalmente estabelecido. (DIMOULIS, 2011, p. 63,64)

Entendemos que o raciocínio pode ser aplicado para a relação entre o direito e a religião. Os legisladores possuem alguma crença, seja religiosa ou a-religiosa, e essas crenças moldam sua cosmovisão. Ainda que se diga que o legislador deve buscar o bem comum na edição de leis, adotando o arcabouço valorativo previsto na constituição, mesmo assim, não se elimina a cosmovisão religiosa ou não. Igualmente, o legislador e o executivo na condição de representantes do povo, buscam criar leis e programas de ação pautados nos anseios da população, que em sua grande maioria é religiosa. Além do que, a criação de normas ou de políticas públicas que não destoem da moralidade religiosa social tem o condão de produzir mais efetividade em sua observância. Em uma democracia, todos os grupos sociais, todas as pessoas, têm o direito de participar da elaboração das leis e das políticas públicas, e esta participação leva consigo os ideais e a visão de mundo das muitas religiões existentes no Brasil, ou seja, a moral pública possui influência das muitas moralidades religiosas.

> Evidentemente, a moral pública não pode estar totalmente secularizada, à medida que as religiões formam parte essencial da cultura dos povos, portanto, é impossível que não influenciem em suas concepções morais sobre o que é correto ou incorreto, sobre o que é bom ou mau. Os legisladores e os funcionários públicos estão influenciados em sua visão de mundo pelas suas respectivas religiões e cosmovisões. [...] Em resumo, legisladores e funcionários públicos não estão em seus cargos a título pessoal e devem, mesmo que ainda tenham direito a ter suas próprias convicções, primar pelo interesse público em suas funções e responsabilidades. (BLANCARTE, 2008, p. 27).

Portanto, os líderes religiosos e as pessoas que professam determinada crença religiosa não só podem, como devem se expressar e participar do debate público, contribuindo com suas pluralidades e alargando o âmbito de discussão. "Isso não afeta, senão fortalece nossa convivência democrática". (BLANCARTE, 2008, p. 29). A escolha do conteúdo ético do direito deve ser feita com ampla participação social, embora no debate público é comum um grupo tentar silenciar ou impedir que outro grupo participe e exprima suas ideias, taxando-as de erradas, intolerantes, e violadoras da laicidade.

> Se existe uma regra jurídica em dada sociedade, qualquer que seja o seu teor, é porque o conteúdo valorativo dessa regra é querido pelos poderes constituídos daquela sociedade. Claro que há diversas ideologias antagônicas sobre que conteúdo deve ter o direito e que uma delas vai se tornar vencedora e positivar-se. O equívoco a se evitar é achar que algum desses conteúdos éticos em conflito é o único correto, aquele que vale independentemente dos processos sociais, vale por si mesmo, é o critério de legitimidade do direito positivo. [...] É certo que alguns desses conteúdos éticos vitoriosos podem ser considerados abomináveis pelos grupos sociais derrotados, os quais vão tachá-los de não direito, de "insuportavelmente injustos", mas isso não os torna menos jurídicos. (ADEODATO, 2010, p. 109-110).

Uma ideia pode ser não-religiosa e defendida por um religioso, ou pode ser uma ideia religiosa defendida por um não-religioso, ou ainda um religioso defendendo uma ideia religiosa. Com isso queremos dizer que a presença de grupos religiosos no debate público sobre temas polêmicos e de dissenso social não pode ser vista como uma tentativa de violação à laicidade, como parece ter defendido Bruno Galindo (2021). Até porque o simples fato de que uma ideia é postulada por um grupo religioso não a transforma automaticamente em uma ideia religiosa e sem base científica. Além do que há temas de discordância social que não são resolvidos por argumentos científicos, seja pela sua inexistência ou pela existência de correntes científicas antagônicas. Entender que a defesa por um grupo religioso sobre um determinado tema é algo não científico ou uma tentativa de violação da laicidade é, tenha-se intenção ou não, buscar excluir do debate público um grupo social e as suas ideias, que podem ter fundamentos diversos e complementares, como científicos, filosóficos, religiosos e políticos. Não esquecendo de que os grupos religiosos e não religiosos fazem uso estratégico e retórico (ornamental) de termos como laicidade, neutralidade e secularização, como aponta Mariano (2011, p.253), afirmando que

> Nesses confrontos e debates, grupos laicos e religiosos têm acionado e concebido divergentes sentidos de laicidade. Os primeiros tendem a defender, nos diferentes fóruns em que atuam, versões mais ou menos próximas do modelo (dito combativo) proposto pela tradição republicana francesa – que inspirou diversos processo de laicização na América Latina –, que zela pelo caráter laico do ensino público, pela rigorosa separação entre Estados e igrejas e pela restrição à participação e à influência de autoridades e grupos religiosos na esfera pública. Já os últimos tendem a reinterpretá-lo de modo lato, visando legitimar a ocupação religiosa do espaço público e da esfera pública, mas mantendo estrategicamente a referência discursiva, o respeito e certa reverencia ao arranjo jurídico-político da laicidade estatal, até como recurso discursivo e legalista para garantir a legitimidade de sua própria intervenção no debate público. Portanto, apesar de serem demasiado diversificadas e divergentes as propostas e intervenções visando demarcar, definir e manipular a laicidade estatal, fixar suas fronteiras, atualizar, corrigir e regular sua aplicação pelo Estado, os agentes religiosos e seculares em disputa no Brasil, em geral, alegam respeitá-la e defendê-la. (MARIANO, 2011, p. 253).

A laicidade e a secularização não proíbem, limitam ou impedem a manifestação pública das mais diversas crenças e visões de mundo. A correta compreensão de tais conceitos possibilita a manutenção de uma pluralidade social, de liberdade de manifestação de pensamento e de crença, e de igualdade.

Permitir que uma pessoa manifeste sua posição ideológica, mas seja proibida de manifestar sua compreensão religiosa sobre aquele tema, é diminuir a igualdade, amputando das pessoas que adotam crenças religiosas elementos e direitos exercidos por outras que não são religiosas.

> Quando aludimos à "secularidade" dos fundamentos deontológicos, ontológicos e normativos do Estado não queremos dizer que as contribuições religiosas sejam excluídas, nem sejam totalmente alheias à conformação de tais fundamentos, mas sim que – com o advento do pluralismo – a definição destas já não depende única e exclusivamente de legitimidades religiosas – a

> menos eclesiásticas – para serem construídos, interpretados e desenvolvidos, e que se somam a todos os existentes na cultura e inclusive chegam a secularizar-se, e somente a partir deste processo é que terminam por conformar os valores públicos. (HUACO, 2008, p. 43).
>
> [...] a liberdade de consciência gera inevitavelmente uma pluralidade de crenças, as quais podem ser ou não religiosas, mas que obrigam a revitalização de cada uma delas no âmbito público, assim como a criação de normas morais e de condutas aceitáveis a todos, alheias a uma doutrina religiosa específica e portanto seculares e laicas. (BLANCARTE, 2008, p. 26).

De modo que a expressão pública das religiões é um sinal de maturidade democrática, de garantia da igualdade e da liberdade, e uma das consequências da laicidade. Rudolf von Sinner (2016, p. 19) destaca que a presença pública da religião não se resume a pretensões de poder, contribuindo de forma "corajosa, discreta e cooperativa para a cidadania". Numa visão teológica, defende o autor que

> Quanto mais, entretanto, a igreja precisa lutar por sua plausibilidade e visibilidade social, tanto mais ela é desafiada – e incentivada! – a se comprometer de novo com a mensagem do evangelho da qual é incumbida e a expressá-la pela linguagem em uma esfera pública que está em processo de mudança. Naturalmente, essa linguagem deve ser apresentada, particularmente no âmbito acadêmico e político, de maneira universalmente compreensível e necessita, por isso, de uma orientação interdisciplinar e de informações de outras disciplinas. (2016, p. 19)

Ari Pedro Oro (2008, p. 92) pontua que os estudiosos não estão em consenso quanto aos caminhos que a secularização tem trilhado. Para Antonio Flavio Pierucci, a noção de secularização é irrefreável e irreversível, afirmando que "o pouco que sobrou para a religião na moderna civilização ocidental (...) (é) a esfera privada, íntima, e olhe lá". Em sentido antagônico estaria Nestor da Costa, Lísias Negrão, Jose Jorge de Carvalho e Joanildo Burity, que veem uma revitalização, uma publicização da religião, uma vitalidade do fenômeno religioso. Citando ainda Roberto Blancarte que vê uma crise de laicidade com as instituições políticas buscando se legitimarem sobre os alicerces religiosos. Por fim, elenca Pierre

Sanchis, que enxerga a coexistência de "desencantamento e de reencantamento" da sociedade com o fenômeno religioso, de forma simultânea.

Há quem defenda a adoção do conceito de sociedade pós-secularizada, sendo o pós-secularismo a característica de "um mundo em que o fenômeno religioso conta e muito na cena pública e no qual os desafios testam os limites do Estado Constitucional..." (WEINGARTNER NETO, 2007, p.41).

Fato é que o fenômeno religioso tem, atualmente, grande relevância social, política, econômica e espiritual. Há quem pondere, como Marcel Gauchet, que o ressurgimento das crenças religiosas no mundo moderno se deve ao declínio das "religiosidades seculares":

> Essa reabilitação e redignificação das convicções religiosas no espaço público, pondera Marcel Gauchet, deve-se à "implosão" das religiosidades seculares (o ideal/espiritual republicano e a versão comunista da realização da história), que quiseram se constituir enquanto substitutos laicos das religiões. Ora, o recuo das religiões seculares é acompanhado do ressurgimento das crenças religiosas clássicas, as quais, porém, não se constituem mais em fontes últimas de sentido. Ou seja, "o "retorno" das religiões não implica em nada uma renovação de continuidade com sua antiga função" (Gauchet, 2003, p. 57). Se há "retorno", continua Gauchet, "é a partir de um lugar e de um emprego inteiramente novo" (Id. Ibid.,), a saber: enquanto opções privadas que participam de identidades sociais. É desta forma que as religiões são admitidas no espaço público: enquanto identidades religiosas que participam da sociedade civil ao lado de outras possíveis. Isto porque "entra-se (hoje) na esfera pública a partir do que se é privadamente" (Id. Ibid). (*apud* ORO, 2008, p. 94).

Isso demonstra a complexidade da religiosidade moderna e o equívoco em vincular o ressurgimento da religião no espaço público a apenas uma causa. O mundo moderno caracterizado por sua complexidade, pluralidade, diferenciação funcional, e com novas formas de legitimidade política e social, exige adaptações das religiões. Essas acomodações do fenômeno religioso à modernidade ocorrem das mais variadas formas, seja pelo abandono do dogma e o acolhimento do relativismo religioso, seja pela utilização dos instrumentos tecnológicos, como mídias sociais, rádio e TV, aplicativos e outros recursos; ou ainda com a tentativa de manutenção, por algumas crenças, das tradições centenárias ou até mesmo milenares. O fato de o Brasil ser um Estado laico, com uma população religiosa enorme é uma característica cultural e social importante, como destacou Sinner (2016, p. 19), afirmando que

> Em termos políticos e tecnológicos, o Brasil é, sem dúvida, um país moderno, e juridicamente a religião e a política são diferenciadas uma da outra. Por outro lado, também é preciso dizer que 92% da população afirma pertencer a uma comunidade religiosa – cristã em sua grande maioria –, de maneira que as pessoas e, em função delas, também a sociedade não pode ser tida como secularizadas.

Secularização e laicidade são conceitos importantes e que protegem tanto as religiões como as instituições políticas, não sendo admitido a mistura entre elas, seja para privilegiar uma concepção religiosa, seja para enfraquecer uma religião e fortalecer o Estado. Roberto Blancarte salienta o perigo de não se respeitar a laicidade, na medida em que "as instituições políticas estão buscando na fonte religiosa, no sagrado e nas instituições eclesiásticas uma legitimidade, lugares diversos àqueles onde realmente elas obtêm sua autoridade" (2008, p. 28).

3.

DISCURSO DE ÓDIO: CONCEITO, NATUREZA JURÍDICA, CARACTERÍSTICAS E TUTELA CONSTITUCIONAL

3.1 A constituição brasileira e a proibição de discriminação. Uma interpretação do preâmbulo e dos artigos 3º, IV, e 5º, *caput,* XLI, da constituição federal brasileira.

Situar o debate sobre a limitação da liberdade de expressão e do discurso religioso proselitista no contexto brasileiro exige uma interpretação dos dispositivos constitucionais que abordam direta ou indiretamente a discriminação e o preconceito. De forma que analisaremos os dispositivos constitucionais que tratam sobre a discriminação e o preconceito e a interpretação dada pela doutrina constitucional.

Os principais textos constitucionais sobre o preconceito e a discriminação são: o preâmbulo, o artigo 3º, inciso IV; o artigo 5º, *caput,* inciso XLI. Há outros locais que falam direta ou indiretamente sobre o tema, tais como o artigo 4º, inciso VIII; 7º, incisos XXX, XXXI; 227, *caput* e inciso II. O artigo sétimo tem diversos incisos que buscam evitar várias formas de discriminação e garantir a igualdade. Contudo, neste estudo iremos nos delimitar nos textos constitucionais que consideramos como nucleares sobre a discriminação e o preconceito, elencados no início do parágrafo.

> PREÂMBULO
>
> Nós, representantes do povo brasileiro, reunidos em Assembleia Nacional Constituinte para instituir um Estado Democrático, destinado a assegurar o exercício dos direitos sociais e individuais, a liberdade, a segurança, o bem-estar, o desenvolvimento, a igualdade e a justiça como valores supremos de uma *sociedade fraterna, pluralista e sem preconceitos,* fundada na harmonia social

> e comprometida, na ordem interna e internacional, com a solução pacífica das controvérsias, promulgamos, sob a proteção de Deus, a seguinte CONSTITUIÇÃO DA REPÚBLICA FEDERATIVA DO BRASIL.

A Constituição Federal já inicia afirmando que o Estado Democrático brasileiro tem como valores supremos o exercício dos direitos sociais e individuais, a liberdade, a segurança, o bem-estar, o desenvolvimento, a igualdade e a justiça, alicerces de uma sociedade fraterna, pluralista e sem preconceitos. José Afonso da Silva (2009) aponta que uma sociedade fraterna corresponde a uma sociedade solidária, que possui sentimento de irmandade, que é "uma sociedade cujos membros e grupos, a despeito de suas divergências, hão de buscar a realização da harmonia social da nação" (p. 24). Ao mesmo tempo o constituinte estabeleceu o pluralismo como outro alicerce do Estado Constitucional brasileiro. Sobre este trecho comenta José Afonso da Silva que

> O pluralismo é uma realidade, pois a sociedade se compõe de uma pluralidade de categorias sociais, de classes, grupos sociais, econômicos, culturais e ideológicos. Optar, pois, por uma sociedade pluralista significa acolher uma sociedade conflitiva, de interesses contraditórios e antinômicos. (2009, p.24-25)

O equilíbrio é o foco do constituinte, que evitou extremismos e buscou harmonizar o sentimento de irmandade com a pluralidade. Citando Georges Burdeau, Afonso da Silva afirma que nesse equilíbrio há uma *pluralidade de formas* que são ao mesmo tempo rivais e cúmplices, "rivais porque cada uma visa a fazer prevalecer seus interesses e suas aspirações; cúmplices porque as relações que elas mantêm entre si não vão jamais à ruptura que causaria a paralisia do sistema" (2009, p. 25).

> Art. 3º Constituem objetivos fundamentais da República Federativa do Brasil:
> IV – promover o bem de todos, *sem preconceitos* de origem, raça, sexo, cor, idade e *quaisquer outras formas de discriminação.*

O inciso IV do artigo terceiro da Constituição elenca os objetivos fundamentais da República Federativa Brasileira, que são verdadeiros objetivos do Estado brasileiro e não apenas de governo, vinculando constitucionalmente os meios e os fins do Estado, que não podem ser desconsiderados ou ignorados pelo governo federal, pelos governos estaduais e pelas administrações municipais. José Afonso da Silva faz a importante observação de que, quando se fala em promoção do bem de todos, a Constituição dispõe "como sendo expressão do bem comum, como também de uma sociedade justa e solidária, que para ser tal há de ser sem preconceitos de origem, raça, sexo, cor, idade e qualquer outra forma de discriminação". (2009, p. 48).

Os últimos textos a serem comentados estão no artigo quinto, *caput* e inciso XLI, da Constituição Federal. O *caput* introduz uma garantia de igualdade entre os brasileiros e os estrangeiros residentes no país, que não sofrerão distinção de qualquer natureza, garantindo-se a inviolabilidade do direito à vida, à liberdade, à igualdade, à segurança e à propriedade. Na especificação das garantias está o inciso XLI:

> XLI – a lei punirá qualquer *discriminação* atentatória dos direitos e liberdades fundamentais;

Segundo Wunderlich; Elz de Lima (2022) "o dispositivo orienta a criação legal como forma de punição enquanto mecanismo de proteção e responsabilização poderá ocorrer em vários planos – civil, administrativo e criminal". A diferença entre esse dispositivo e o inciso IV do artigo terceiro é que, enquanto este determina a realização de ações afirmativas contra a discriminação, o inciso XLI ordena a punição de qualquer forma de discriminação que atente contra os direitos e liberdades fundamentais. O inciso XLI não possui ligação automática entre a punição e a criminalização, tendo em vista que existem muitas formas de punição, como a administrativa, a civil, a trabalhista e a criminal.

O termo discriminação deve ser lido como gênero que engloba diversas manifestações discriminatórias (SILVA, 2009, p. 139). Ainda segundo José Afonso da Silva, a discriminação condenada é "a que se funda num preconceito negativo em virtude do qual os membros de um grupo são tratados como seres não já diferentes, mas inferiores", (p. 139). Em sentido semelhante, Wunderlich; Elz de Lima (2022) "Discriminar é atuar com a finalidade específica de tornar uma pessoa inferiorizada ou diminuída".

Depreende-se que o constituinte buscou defender e garantir a mais ampla liberdade de expressão, até para tentar superar o pesadelo da censura aplicada no regime militar, ao mesmo tempo em que se preocupou em garantir e dar meios de tutela à igualdade, a dignidade e aos direitos da personalidade. Os muitos incisos e artigos do texto constitucional que abordam a questão demonstram que havia, na época da assembleia constituinte, grande preocupação na construção de uma sociedade livre, que prestigia a autonomia individual, sua dignidade e personalidade. O que exige um tratamento sério e rigoroso na aplicação do texto constitucional e na construção da resposta sobre as formas constitucionais de restrição da liberdade de expressão e do discurso religioso proselitista.

3.2 A expressão "discurso de ódio" e seus problemas

A expressão discurso de ódio, por mais que esteja sendo amplamente utilizada, não é a mais adequada para descrever o fenômeno dos limites da liberdade de expressão e do discurso discriminatório ou preconceituoso. Os problemas seriam de ordem: *semântica; teórica; e dogmática.*

O primeiro, de *ordem semântica*, encontra-se na vagueza da expressão discurso de ódio. Odiar algo ou alguém seria um ato ilícito? Inconstitucional? O que se entende pela palavra odiar na questão? Não gostar de alguém, de uma ideia, de um objeto é algo normal e comum. Até mesmo odiar alguém não é uma conduta ilícita, podendo ser uma atitude imoral ou uma violação a norma religiosa. Mas, para o direito, o ódio é algo irrelevante.

Uma breve consulta aos dicionários da língua portuguesa auxilia na compreensão dos múltiplos significados da palavra ódio ou odiar. Celso Lafer (2020, p. 16), recordando a origem latina da palavra ódio, diz que a palavra *odium* tem "a acepção de aversão intensa, animosidade que pode impulsionar a conduta humana".

No Dicionário Houaiss Conciso (2011) a palavra "Odiar" é definida como "sentir aversão, raiva por (algo, outrem, si mesmo ou reciprocamente); detestar (-se)". Por sua vez, "Ódio" seria "raiva, rancor, repugnância, aversão" (p.677). "Ira" significaria "intenso sentimento de ódio, de rancor; fúria, cólera, vingança ou punição" (p.554).

O *Diccionario contemporaneo da língua portugueza*, De F. J Caldas Aulete, conceitua "Odiar" como: "ter ódio ou raiva a; detestar, abominar. Desprezar, abhorrecer profundamente; sentir aversão ou repugnancia por". (AULETE, tomo segundo, 1879, p. 245).

Já a palavra "Ódio" é assim conceituada:

> Ira reservada; inimizade, rancor profundo e duradouro que se sente por outrem; sentimento que nos afasta violentamente de alguém, que nos leva a causar-lhe mal ou a desejar-lhe o. [...] Repugnancia que se sente por alguem ou por alguma coisa, aversão, repulsão, horror. [...] desprezo; antipathia. (AULETE, tomo segundo, 1879, p. 245).

Por este conceito, a manifestação da expressão, verbal, escrita ou por sinais e gestos, que tenha por conteúdo afirmações de desgosto, desprezo, repugnância de uma pessoa por outra é algo normal, lícito, e dentro da liberdade de expressão. Afinal, ninguém é obrigado a *gostar, amar, ter afeto, amizade, carinho etc.*, por ninguém, não existindo normativa constitucional ou infraconstitucional que determine que as pessoas amem umas às outras (Art. 5ª, II da Constituição Federal).

E não é possível pressupor que alguém que não goste, que deteste ou despreze outra pessoa, vá, obrigatoriamente e necessariamente, praticar atos de violência física contra ela. O não gostar de algo ou de alguém não gera automaticamente o desejo de destruição ou eliminação. Além do que, muitas pessoas preferem adotar uma postura de indiferença frente a coisas ou pessoas por quem não nutrem interesse, amor, carinho e outros sentimentos de afeto.

Dizer que uma pessoa está proferindo discurso de ódio não esclarece se é apenas uma fala que expõe um desgosto, repugnância ou desprezo por algo ou alguém, ou se é um chamado ou incitação à prática de violência física ou discursos que declarem a intenção de eliminação ou destruição. A semântica da palavra ódio está relacionada a um sentimento, a algo interior, o que termina por confundir, quando usada no sentido de uma manifestação exterior, ainda que de um sentimento. Waldron, que defende a regulamentação da liberdade de expressão e a proibição do discurso de ódio, tece críticas ao uso da expressão discurso de ódio, *hate speech*, sustentando que a preocupação não deve estar associada ao sentimento "ódio", mas sim aos resultados desse sentimento para os membros dos grupos vulneráveis, (LADEL, 2018, p. 51).

Macedo Jr., e Gross (2020, p. 136) afirmam que o conceito comum de discurso de ódio é "bastante vago e aberto, parecendo não existir um elemento essencial comum a todos os contextos em que tal expressão é utilizada ou invocada". Este conceito comum seria insuficiente para ser usado como paradigma ao conceito normativo. Victor Nóbrega Luccas (2020, p. 36-37) reconhece os contornos imprecisos no uso da expressão discurso de ódio, permanecendo sem critérios claros sobre quais situações necessitariam de proibição em quais caberiam regulamentação ou sanção.

Crítica que pode ser feita aos muitos artigos sobre o tema é a quase uníssona afirmação de que deve ser proibido o discurso de ódio, merecendo ser limitada a liberdade de expressão, sem que se apresentem conceitos claros e precisos sobre o que seria a liberdade de expressão e o que seria o discurso de ódio, e como seria possível demarcá-los.

O segundo problema é relacionado à *teoria do direito*. É lição inicial de teoria do direito as características distintivas da esfera jurídica ante as esferas política, moral, religiosa e econômica. O direito tem uma abrangência menor que a moral ou a religião e é distinto delas. Um dos atributos ou critérios de distinção do direito positivo é a exterioridade (ADEODATO, 2012, p. 119). O direito se preocupa apenas com as ações exteriorizadas, não incidindo sobre os pensamentos, intenções e sentimentos, âmbitos normalmente abrangidos pela moral e pela religião. O sistema jurídico não tem por finalidade a transformação interior do ser humano, mas sim, a regulação de suas condutas manifestadas no mundo concreto, dos fatos. O desejo, a vontade, a intenção, o pensamento, são âmbitos excluídos do direito.

i. Eu odeio os torcedores daquele time;
ii. Eu odeio advogados;
iii. Eu não gosto, nenhum pouco, de literatura portuguesa;
iv. Odeio pessoas que comem carne;
v. Odeio pessoas que andam de carro, pois os veículos são poluentes e afetam o meio ambiente;
vi. Odeio aquele senador, por tais razões...
vii. Tenho total desprezo pelo presidente da república...

viii. Me repugna pensar naquele juiz parcial...
ix. Tenho aversão, não suporto, não falo, e não dou a mínima atenção para eleitores do partido "A".

Em todas essas frases há expressão de ódio em direção a um grupo de pessoas ou a uma pessoa específica. Deveria o direito se preocupar em mudar a consciência dessas pessoas? A resposta é não. O direito não é uma *varinha mágica* que num instante transforma todos os problemas sociais e altera até mesmo a natureza humana. De outro lado, nem toda fala que descreva um sentimento de desgosto, de desprezo, de aversão, de ódio, de raiva, de ira, em relação a um objeto, situação ou pessoa deve ser compreendida automaticamente como discurso de ódio. O direito tem muitas funções, mas não para transformar uma pessoa. Não há lei ou norma jurídica que obrigue uma pessoa a amar o atual presidente da república ou a amar alguns dos ex-presidentes da república, por exemplo.

O terceiro problema é a necessidade de um *estudo dogmático* sobre as manifestações discriminatórias, preconceituosas e *odiosas* e o direito positivo brasileiro. Uma fala ou uma frase escrita em um livro ou em um site ou rede social na internet pode ser objeto de estudo nos mais diversos ramos do conhecimento. Cada ramo do conhecimento emprega instrumentos de pesquisa distintos, operando em pressupostos teóricos diversos e chegando a conclusões diferentes. A explicitação, por exemplo, sobre a origem e fim da vida, pode ao mesmo tempo ser vista, pela ótica do direito como algo lícito, pela teologia como uma heresia, ou como uma confirmação de determinada crença religiosa, pela sociologia como estratégia social de dominação, pela psicologia como expressão do inconsciente etc. O fato de a afirmação ser rejeitada ou combatida por um ramo do conhecimento não induz que haja ilicitude na manifestação, pois, na lição de Niklas Luhmann (2007a), os subsistemas sociais se diferenciam e possuem códigos próprios, embora estejam acoplados estruturalmente e sejam abertos. Assim, não é possível confundir o subsistema do direito com os demais subsistemas da política, da religião, da economia, por exemplo. Logo, uma afirmação de que uma determinada situação não é justa ou é imoral não indica que também é contrária ao direito.

i. Os nordestinos são um fardo para o Brasil, matem essa escória!
ii. Os religiosos são fanáticos e devem ser proibidos de se expressarem em público;
iii. Todos os padres da igreja "A" são pedófilos e merecem morrer queimados, traga sua tocha!
iv. Negro bom é negro morto!
v. Uma pena os nazistas não terem concluído sua missão de limpar da terra os judeus! Todavia, há esperança!
vi. As crianças com microcefalia estão destinadas a uma vida de sofrimento, logo devem ser abortadas independentemente do mês de gestação.
vii. Idosos com Alzheimer em nada contribuem para a vida social, sendo destinatários de enormes gastos públicos, corroendo mais da metade do orçamento da saúde, além serem de grandes tropeços na vida de seus familiares. O remédio para o Alzheimer é a eutanásia, gerando alívio para as famílias e economia de recursos para o Estado.

Todas essas afirmações são fortes, algumas delas preconceituosas, outras discriminatórias, outras incentivadoras de práticas criminosas, e outras poderiam ser classificadas como ideias ruins. As primeiras afirmações, nas quais há a incitação ao crime, ao extermínio e a morte de pessoas, seriam mais facilmente classificadas como discurso de ódio ou discriminatório. As expressões seis e sete também incitam o extermínio e a morte, mas certamente teriam adeptos para as defenderem em *caráter científico ou acadêmico*. Assim, se se fizer uma interpretação literal de todas as frases, todas elas deveriam ser enquadradas como discurso de ódio, ou seja, como extrapolação da liberdade de expressão. Todavia, apenas a interpretação literal deve ser usada? E a teleológica? O contexto e o local em que a fala ou a frase foi expressa são relevantes? A intenção do autor da manifestação deve ser levada em consideração?

Esses exemplos demonstram que é necessário um estudo dogmático sério sobre a liberdade de expressão e sobre a liberdade de expressão religiosa, analisando as limitações constitucionais de tais liberdades, bem como as normas penais que buscam punir os discursos ilícitos. Por isso a importância da exposição inicial no capítulo primeiro sobre a liberdade religiosa. Por certo, o fenômeno do discurso de ódio e da liberdade de expressão devem ser estudados por todos os ramos do conhecimento. Mas, em âmbito jurídico, é a dogmática jurídica que vai ser o instrumento adequado para um tratamento racional, objetivo, claro e com finalidade de solucionar problemas.

É lugar comum afirmar que a liberdade de expressão deve ser restringida, quando se desdobrar em discurso de ódio, sem ao menos apresentar uma conceituação jurídica-dogmática sobre os termos, o que ofusca e dificulta o estudo do fenômeno. Os três problemas apresentados comprovam que a expressão "discurso de ódio" não é a melhor escolha, podendo ser substituída por "discurso discriminatório". Contudo, neste trabalho seguiremos usando a expressão "discurso de ódio" por ser a forma utilizada na doutrina e jurisprudência. Utilizaremos os conceitos de discurso de ódio como sinônimo de discurso discriminatório, embora prefiramos esta última.

3.3 Conceito jurídico de discurso de ódio e o microssistema penal do discurso de ódio no direito brasileiro

A necessidade de um estudo teórico-dogmático exige um conceito jurídico de discurso de ódio. Há conceitos elaborados pela filosofia, pela sociologia ou pela psicologia que são úteis para um estudo interdisciplinar do fenômeno. Todavia, a segurança jurídica, a legalidade, e, por todos, a proteção dos direitos humanos e fundamentais envoltos exigem um conceito jurídico.

Para Daniel Sarmento (2006) o discurso de ódio seria a "manifestação de ódio, desprezo ou intolerância" contra grupos determinados, motivados pelo preconceito étnico, de gênero, de orientação sexual, em face de pessoas com deficiência física ou mental. Samanta Ribeiro Meyer-Pflug define o discurso de ódio como a expressão de "ideias que incitem a discriminação racial, social ou religiosa em determinados grupos, na maioria das vezes, as minorias" (MEYER-PFLUG, 2009, p. 97, *apud* SCHAFER; LEIVAS; DOS SANTOS, 2015, P. 145). Winfried Bruger (2007, p. 118), com suporte em definições usuais, entende que o discurso de ódio "refere-se a palavras que tendem a insultar, intimidar ou assediar pessoas em virtude de sua raça, cor, etnicidade, nacionalidade, sexo ou religião", ou como palavras que "têm a capacidade de instigar violência, ódio ou discriminação contra tais pessoas".

O tema também é objeto de estudo pela perspectiva da colonialidade. Bragato e da Silva (2021) partem do pressuposto da leitura pós-colonial, que entende que o colonialismo moderno vai além de um processo de ocupação territorial, englobando, também, "um fenômeno discursivo que, por meio da estereotipação, justificou a dominação e a exclusão dos povos colonizados" (2021, p. 3). O segundo pressuposto teórico utilizado seria a leitura descolonial, que entende a colonialidade como a "continuidade contemporânea das relações assimétricas de poder do colonialismo, que convertem diferenças em inferioridade para fins de dominação", (2021, p. 3). Os discursos de ódio seriam manifestações depreciativas em face de grupos em posição de subordinação, incitando hostilidade, discriminação e violência, (2021, p.29). Para as autoras "depreciar ou desumanizar fazem parte da lógica dos discursos coloniais que, segundo a leitura pós-colonial, foram fundamentais para sacramentar o poder colonizador e a posição de subordinação dos colonizados" (2021, p.29). As diferenças – étnicas, raciais, religiosas, sexuais, de gênero etc. – são transformadas "em critérios de inferiorização, tomando-se como critério de superioridade o padrão cultural, epistemológico, ético e estético europeu", desumanizando e depreciando quem não está adequado ao padrão "correto". (2021, p.29). Nesse contexto, embora o discurso de ódio tenha fundamento na colonialidade e seja uma expressão concreta de depreciação e desumanização, não significa que sempre que a sociedade for marcada pela colonialidade haja também discurso de ódio. As autoras defendem que nas sociedades coloniais existem preconceitos e discriminação, mas de forma velada, camuflada. O discurso de ódio seria uma prática mais perversa, concreta, palpável e agressiva, que revela preconceitos e uma visão de mundo pautada pela colonialidade.

Há autores que constroem o conceito de discurso de ódio tendo como elemento principal a presença de *ofensa contra grupo vulnerável.* Luccas; Salvador; Gomes, (2018) e Luccas (2020, p. 39-40), afirmam que:

> Discursos de ódio são manifestações que avaliam negativamente um grupo vulnerável, ou um indivíduo enquanto membro de um grupo vulnerável, a fim de estabelecer que ele é menos digno de direitos, oportunidades ou recursos do que outros grupos ou indivíduos membros de outros grupos, e, consequentemente, legitimar a prática de discriminação e violência.

Para essa definição é indispensável a apresentação do conceito de grupos vulneráveis, uma vez que aquela é estabelecida sobre este. Para Luccas (2020, p. 41), grupos vulneráveis

> são aqueles que possuem propensão significativa a sofrer violência ou discriminação, em razão das características que o definem. Essa propensão é uma questão de fato e pode ser constatada por diversos meios, que se inter-relacionam.

Os meios seriam as pesquisas quantitativas, qualitativas, a análise histórica e o ordenamento jurídico. É questionável e restritiva a postulação do grupo vulnerável como elemento central e fundante do discurso de ódio. Elencar a presença de grupos vulneráveis ou de minorias na construção do conceito de discurso de ódio leva ao reconhecimento de que a liberdade de expressão seria ilimitada, quando utilizada por esses grupos, como instrumento de crítica ou mesmo de ofensas e discriminação a grupos majoritários. Ou seja, ter-se-ia grupo social que não poderia, ainda que intentasse, praticar discurso de ódio. A liberdade de expressão desse grupo seria absoluta, ilimitada e sem restrições. Frases como "seu branco de merda", sua "loira burra", "padres pedófilos", "americanos merecem morrer degolados!", "ser branco é ser racista e criminoso", se proferidas por grupos vulneráveis ou minorias estariam abarcadas na liberdade de expressão. Se proferidas por pessoas não incluídas desses grupos, se configuraria como discurso de ódio. Aqui a conceituação não depende do conteúdo da mensagem, mas de quem as profere, o que demonstra a fragilidade do argumento.

Por certo que este argumento não tem coerência e nem fundamento constitucional, pois cria um grupo social que seria titular de um direito fundamental com caráter absoluto, o direito à liberdade de expressão, que não seria suscetível de colisão com outros direitos fundamentais. Além disso, exclui a titularidade dos direitos da personalidade das pessoas que compõem a maioria e que são alvos dos discursos discriminatórios proferidos pelas minorias. Aqui, uma pessoa que não seja vulnerável não teria nem o direito da personalidade nem a tutela judicial deste direito. Igualmente, esse entendimento é contrário ao texto constitucional, fazendo distinção inconstitucional entre pessoas e extinguindo seus direitos fundamentais. De forma que, os grupos vulneráveis e minoritários podem sim praticar discurso de ódio, e os grupos majoritários podem ser vítimas de discursos de ódio.

A utilização da categoria "grupo vulnerável" também é problemática e limita o conceito de discurso de ódio de forma não justificável, além de não ser tal clara a distinção entre grupo vulnerável e minoria. Segundo Élida Séguin (*apud* GALLETTI, 2017, p. 103), minorias seriam "um contingente numericamente inferior, como grupos de indivíduos, destacados por uma característica que os distingue dos outros habitantes do país, estando em quantidade menor em relação à população deste". A autora reconhece que conceituar minorias é uma tarefa complexa. Galletti cita, com base em Séguin e em Carportorti, que "os elementos constitutivos da minoria são: o numérico; o da não dominância; o da cidadania; o da solidariedade entre seus membros para que suas culturas, tradições, religiões ou idiomas sejam preservados" (p.105). Assim, o número de pessoas não é o critério adequado para classificar um grupo como minoritário. Galletti afirma que o critério deve ser qualitativo e não quantitativo. De outro lado, grupos vulneráveis podem ser definidos como

> ...um conjunto de pessoas ligadas por ocorrências fáticas de caráter provisório, o qual não possui identidade, existindo interesse em permanecer nessa posição, tendo seus direitos feridos e invisíveis perante os olhos da sociedade e também do poder público.

As características dos grupos vulneráveis de acordo com Séguin (*apud* GALLETTI, 2017, p. 107), são:

> ...se apresentam, por vezes como grande contingente, sendo exemplo disso, as mulheres, as crianças e os idosos; também são destituídos de poder; mantêm a cidadania; acima de tudo, não têm consciência de que estão sendo vítimas de discriminações e desrespeito; não sabem que têm direitos.

Coura e Escossia (2015) apontam a polissemia da palavra minoria e seu uso estratégico nas Cortes Judiciais, relevando-se em termo que sofre ampla discricionariedade em seu uso. Segundo os autores, a utilização dos termos "direito das minorias" e "contramajoritário" revelam, para além da indeterminação dos conceitos de cada um dos termos, uma estratégia de buscar "conferir maior legitimidade e aceitação à decisão final proferida" (p.77).

Se o conceito de discurso de ódio já é impreciso e vago, a adoção de subcategorias como "minorias, vulneráveis, marginalizados", com grande vagueza e indeterminação, criam dificuldades e possibilitam enorme discricionariedade no cerceamento da liberdade de expressão. Sendo de bom alvitre a exclusão dessas categorias como critérios definidores do discurso de ódio.

Outros autores postulam uma definição mais ampla e sem vinculação aos conceitos de minoria e de grupo vulnerável. Rosenvald e Farias (2017, p. 199) vislumbram o discurso de ódio como "manifestações de pensamento ilimitadas, contendo declarações de ódio, desprezo ou intolerância, normalmente atreladas a etnia, religião, gênero ou orientação sexual". Antonio de Holanda Cavalcante Segundo (2016, p. 59) vê o discurso de ódio como

> Aquele que visa a disseminar e promover o ódio em função da raça, religião, etnia ou nacionalidade (ROSENFELD, 2012, p.242), muito embora não se limite a tais vetores, podendo se dar também, por exemplo, em função do gênero, da orientação sexual etc. (POTIGUAR, 2009, p. 11).

Macedo Jr., e Gross (2020, p. 147-153) ao dissertarem sobre o contexto americano e a liberdade de expressão, constatam que o debate entre proibição ou não do discurso de ódio não ocorre em todos os *locais e âmbitos* da sociedade. Na verdade, o tema se circunscreve ao âmbito público, ao debate público, excluindo-se os contextos privados, escolares e de trabalho. O debate sobre o discurso de ódio não abrangeria a defesa de ideias discriminatórias em todo e qualquer contexto (p. 148), como por exemplo, em contextos escolares e de trabalho. Os autores fazem citação interessante da obra "*Harm, Liberty and Free Speech*" de 1997, de C. Edwin Baker, que merece a transcrição

> Contrariamente aos literalistas, alguns comportamentos verbais não recebem proteção. O discurso pode ser um meio de cometer ou de tentar cometer um crime definido em termos não discursivos. Se eu digo a outra pessoa,

> "beba esse remédio" sabendo que o líquido é um veneno mortal, ou se digo a um homem cego, "dê um passo à sua esquerda", sabendo que ele irá despencar em um poço para a sua morte, princípios de liberdade de expressão não impedem a minha condenação por homicídio. (C. EDWIN BAKER, *apud* MACEDO JR.; GROSS, 2020, p. 148)

De forma que a afirmação de que nos Estados Unidos há ampla proteção a discursos discriminatórios deve ser compreendida, tendo em mente o contexto do debate público de ideias, e não todo e qualquer contexto. No caso brasileiro, pode-se questionar se há defensores do discurso discriminatório apenas no espaço público ou em qualquer contexto. Entretanto, como o tema é tratado, em grande parte, de forma genérica e sem maiores esclarecimentos, é difícil captar quando um autor defende uma ampla e irrestrita limitação da liberdade de expressão pelo discurso de ódio, ou quando enxerga contextos em que há uma prevalência maior da liberdade de expressão.

Clarissa Piterman Gross ainda defende uma distinção peculiar e de grande relevância para a melhor compreensão do fenômeno. Para ela (2017, p. 46-52), não se pode confundir "ato discriminatório" com o "ato discursivo de conteúdo discriminatório". Atos discriminatórios – discursivos ou não – consistem na

> Negação de acesso a estabelecimentos, repartições e espaços públicos, elevadores, serviços e a postos de trabalho a pessoas em razão da sua raça, cor, sexo, orientação sexual, identidade de gênero, religião, etnia, nacionalidade ou qualquer outro traço identitário cultural. (2017, p.46)

Segundo a autora, os atos discriminatórios devem ser legitimamente proibidos. Como exemplo, a atitude de atleta olímpico em se recusar a lutar com um outro atleta apenas por este ser judeu[3]. Ou mesmo a proibição de exibição de filme pelo fato de uma atriz participante ter naciona-

[3] Judoca da Argélia se recusa a lutar contra israelense e deixa a Tóquio 2020. https://ge.globo.com/olimpiadas/noticia/judoca-argelino-se-recusa-a-lutar-contra-israelense-e-deixa-a-toquio-2020.ghtml. Acesso em 21.09.2021

lidade judaica[4]. E, mais recentemente, a proibição de uma mulher negra de entrar em uma loja de um shopping no Ceará[5].

Por sua vez, os atos discursivos de conteúdo discriminatório, segundo Gross (2017, p. 46), não podem ser proibidos no debate público em razão do seu conteúdo. Apenas podendo ser restringindo se gerar dano normativamente relevante ou em função da intencionalidade não protegida pela liberdade de expressão. O exemplo dado pela autora de um ato discursivo de conteúdo discriminatório seria um discurso em praça pública que defendesse a segregação. Embora um discurso segregador seja desprezível, soberbo e arrogante, como não há um perigo iminente e real de dano, como foi proferido no espaço público, e como a intencionalidade do orador foi de defender uma ideia, o discurso não poderia ser restringido. O Estado não poderia atuar como censor e prumo da moralidade, ou mesmo como parâmetro da verdade e das boas ideias numa sociedade livre e igual.

Gross (2017, p. 23) compreende o discurso de ódio em dois tipos discursivos, o primeiro como *discurso de conteúdo discriminatório* e o segundo como *discurso patentemente ofensivo*. Esses seriam os discursos que se utilizam de "expressões, ações ou entonações" que são consideradas como grosseiras, ofensivas, chocantes, indelicadas, fortes, em face de grupos de pessoas. Todavia não há a defesa de "alguma negação de direitos ou *status* ao grupo-alvo", embora possuam "o efeito potencial difuso de estimular atitudes de hostilidades, violência ou discriminação contra esses grupos". Aqueles defendem alguma forma de negação "do valor igualitário da vida ou do status político dos membros de um grupo social", ou os inferioriza "em suas capacidades e habilidades", apenas por pertencerem a determinados grupos, buscando negar a tais grupos direitos, oportunidades e recursos.

[4] Filme "Mulher-Maravilha" é banido no Líbano. Nacionalidade de Gal Gadot, protagonista do filme, causou a proibição https://www.correiodopovo.com.br/arteagenda/filme-mulher-maravilha-%C3%A9-banido-no-l%C3%ADbano-1.232496 Acesso em 21.09.2021

[5] Impedida de entrar em loja, delegada negra faz denúncia de racismo. https://www.correiobraziliense.com.br/brasil/2021/09/4950578-impedida-de-entrar-em-loja-delegada-negra-denuncia-racismo.html Acesso em 21.09.2021

A autora defende que a restrição à liberdade de expressão é válida em três situações: i- quando "for possível identificar um vínculo causal entre a instância discursiva e um dano normativamente relevante, claro e iminente, ainda que a intencionalidade do discurso seja relevante"; ii- "a intencionalidade do discurso não for expressiva no sentido normativamente relevante"; iii- "o discurso, ainda que expressivo em sentido normativamente relevante, seja proferido em contextos especiais". (GROSS, 2017, p. 30-31). Gross afirma que, em contextos especiais, tais como nas relações de trabalho, nos espaços universitários e em âmbito publicitário, seria possível restringir a liberdade de expressão. Porém, no debate público em geral, as justificativas para restrição da liberdade de expressão em contextos especiais não seriam aplicáveis. Sobre a intencionalidade do discurso a autora explica que

> Por intencionalidade expressiva ou normativamente relevante eu quero enfatizar os tipos de engajamento discursivo que realizam os valores que melhor justificam a liberdade de expressão enquanto direito individual. Nem todo ato de fala, escrita ou de comunicação pública ou privada realiza o valor da autonomia (em Baker), ou da independência ética (em Dworkin), que a meu ver melhor justificam a liberdade de expressão. Um exemplo de ação de comunicação que não serve à realização desses valores é a publicidade comercial. A publicidade é um ato comunicativo de empresas ou pessoas que carrega a intenção de divulgar produtos, serviços ou empreitadas econômicas visando o lucro ou benefícios econômicos. Isso não guarda relação com a autoexpressão, autorealização ou formulação de convicções identitárias centrais de natureza ética, política, estética ou moral. A atenção à intencionalidade do ato discursivo é importante para a discussão acerca da proibição ou não de discurso de ódio porque abre margem para a adoção e justificação de parâmetros distintos de restrição ou proteção de conteúdo odioso a depender da intencionalidade do ato discursivo em questão.

Flávio Augusto Barreto Medrado (2018) propôs um conceito de discurso de ódio que destaca o caráter dogmático e normativo. O autor percebeu a existência de certa indistinção nos conceitos de discurso de ódio apresentados no debate, ora destacando-se um aspecto filosófico, ora um aspecto sociológico, e ora um aspecto psicológico, ficando ofuscado o tratamento dogmático das normas legais e constitucionais brasileiras e, algumas vezes, ausente o conceito normativo de discurso de ódio. A precisão conceitual é condição necessária para um bom trabalho jurídico, pois

> os limites lógicos e semânticos do conceito deve, respeitando as premissas científicas da não contradição e do terceiro excluído, trazer para o seu espectro apenas o que se deve qualificar como discurso de ódio, sob a consequência deontológica da proibição; deixando de fora dele, por refração especular, tudo o quanto se deve considerar, ao revés, deontologicamente permitido, protegido pela liberdade de expressão – ou proibido por razões diversas daquelas que presidem a proibição do discurso de ódio. (MEDRADO, 2018, p. 52).

Atento à exigência dogmática de um conceito de discurso de ódio, o autor expõe o que entende por um "conceito técnico-jurídico do discurso de ódio", nos seguintes termos:

> Trata-se de manifestação verbal ou simbólica de opinião depreciativa ou juízo de valor negativo, imune à refutação racional, em razão de elementos constitutivos da identidade do indivíduo ou grupo-alvo, bem como o induzimento e a incitação à violência, à discriminação e à própria ofensa em seu detrimento. (MEDRADO, 2018, p. 64).

O autor vincula o discurso de ódio a uma manifestação irracional, e com isso restringe a abrangência de sua conceituação. Essa vinculação não esclarece o que seria um discurso imune à refutação racional, abrindo brechas para a discricionariedade, pois não é oferecido um critério de racionalidade.

Da conceituação, extrai quatro aspectos estruturantes: o material, o formal, o subjetivo e o teleológico (2018, p. 64). O primeiro seria a presença de "opinião depreciativa ou juízo de valor negativo". O segundo seria a "manifestação verbal ou simbólica". O terceiro diz respeito ao "espectro de alvos-potenciais", podendo ser um indivíduo ou um grupo. O último aspecto, o teleológico, é o mais importante e determinante para a configuração do discurso de ódio.

Nas palavras do autor, o elemento teleológico

> Trata-se de uma especial modalidade de injúria na qual a opinião depreciativa recai sobre elemento constitutivo da própria identidade do indivíduo ou grupo insultado, ao qual se associa, num processo intelectivo frágil e racionalmente irrefutável, qualidades negativas. (2018, p. 68).

O conceito de Medrado (2018) é mais estreito e claro, o que auxilia na identificação do discurso de ódio e na diferenciação de conceitos sociológicos, filosóficos e outros.

Muito se discute se o modelo ideal de regulação ou não do discurso de ódio e de limitação da liberdade de expressão seria o Americano ou o Alemão. Por certo o estudo do direito comparado é valioso para auxiliar na reflexão e maturação do debate brasileiro. Porém é imprescindível a reflexão, tendo como base o direito positivo brasileiro, em âmbito constitucional e infraconstitucional.

Não é novidade que os discursos discriminatórios e preconceituosos estão tipificados no direito brasileiro. Medrado (2018, p. 74) assevera que o discurso de ódio "não guarda correspondência estrita com o *nomen jures* de um específico tipo penal", ele seria um gênero que abarcaria diversos tipos penais. O autor defende a existência de um microssistema penal do discurso de ódio no direito brasileiro, composto pelos delitos de ódio-centrais ou principais e pelos delitos de ódio-periféricos ou secundários.

Os delitos de ódio-centrais ou principais estão tipificados: no artigo 140, §3º, do Código Penal Brasileiro - CPB, denominados de "injúria preconceituosa", "injúria discriminatória", "injúria racial", "injúria qualificada por preconceito, ou apenas "injúria qualificada; e no artigo 20, *caput*, da Lei Federal de n. 7.716/89, com redação dada pelas leis posteriores (2018, p.83). A diferença entre os dois tipos penais está na intenção do agente e no número de vítimas. Assim, se a intenção do agente é ofender número indeterminado de pessoas, ou ofender grupo específico de pessoas, estaria enquadrado no *caput* do artigo 20 da Lei Federal de n. 7.716/89. Se a intenção era ofender pessoa específica, então estaria configurada a injúria qualificada, artigo 140, §3º do CPB.

Os tipos penais integrantes dos delitos de ódio-periféricos ou secundários, seriam: o §1º, do artigo 3º da Lei Federal de n. 7.716/89[6]; o artigo 208 do Código Penal Brasileiro[7]; a incitação ao genocídio, previsto na Lei Federal de n. 2.889/1956; a incitação ao terrorismo positivado na Lei Federal de n. 13.260/2016; e a incitação e apologia ao crime, artigos 286 e 287 do CPB (MEDRADO, 2018, p. 89).

Dessa forma, há no direito brasileiro normas infraconstitucionais integrantes de um microssistema penal do discurso de ódio. Todavia, essa conclusão não encerra o debate, uma vez que as normas infraconstitucionais devem ser objeto de controle de constitucionalidade e de convencionalidade. Bento (2016, p. 106) destaca que

> A jurisprudência da Corte Interamericana tem considerado desproporcionais e incompatíveis com a Convenção Americana as normas que criminalizam o uso da palavra, em especial os tipos penais da calúnia, da injúria e da difamação (crimes contra a honra), bem como o tipo penal do desacato.

Logo, a existência de norma penal infraconstitucional não põe fim ao debate. Na verdade, exige maior, mais aprofundada e rigorosa reflexão sobre o alcance normativo dos preceitos constitucionais da liberdade de expressão e da liberdade de expressão religiosa.

As propostas teóricas de MEDRADO (2018) e GROSS (2017) auxiliam a dissipar as confusões terminológicas sobre o tema e os problemas semânticos. A distinção entre discurso com conteúdo discriminatório e discurso discriminatório, bem como a análise dos contextos em que o discurso foi proferido, são de grande relevância dogmática e de utilidade prática.

[6] Art. 3° Impedir ou obstar o acesso de alguém, devidamente habilitado, a qualquer cargo da Administração Direta ou Indireta, bem como das concessionárias de serviços públicos.

[7] Art. 208 – Escarnecer de alguém publicamente, por motivo de crença ou função religiosa; impedir ou perturbar cerimônia ou prática de culto religioso; vilipendiar publicamente ato ou objeto de culto religioso:

3.4 O discurso de ódio e os critérios de identificação, avaliação e regulamentação ou não, e as sanções possíveis

A conceituação do que seria um discurso de ódio é o primeiro passo para um trabalho que busque rigor científico. Os demais passos são: identificar um discurso de ódio; avaliar; regulamentar ou não; e a escolha entre possíveis sanções.

No debate brasileiro, alguns autores procuraram elaborar critérios para identificar, avaliar e, às vezes, punir o discurso de ódio. Esses critérios seriam usados para auxiliar o julgador na difícil tarefa de restringir a liberdade de expressão.

Luís Roberto Barroso, em artigo sobre a liberdade de expressão e os direitos da personalidade (2004), embora não enfrentando diretamente o tema do discurso de ódio, estabeleceu alguns parâmetros para auxiliar a ponderação na resolução de colisões entre a liberdade de expressão e informação e direitos à honra, à intimidade, à vida privada e à imagem. Oito são os critérios (2004, p. 25-28): i – a veracidade do fato; ii – a licitude do meio empregado na obtenção da informação; iii – personalidade pública ou estritamente privada da pessoa objeto da notícia; iv – local do fato; v – natureza do fato; vi – existência de interesse público na divulgação em tese; vii – existência de interesse público na divulgação de fatos relacionados com a atuação de órgãos públicos; viii – preferência por sanções *a posteriori*, que não envolvam a proibição prévia da divulgação. Como dito, embora os critérios não tenham sido pensados inicialmente, para o contexto do discurso de ódio, há méritos na tentativa de criar modelos decisórios com vistas a prestigiar a segurança jurídica.

Daniel Sarmento (2006) reconhece que é pouco afirmar que "a questão do *hate speech* resolve-se através de uma ponderação de interesses. É preciso ir além, indicando alguns parâmetros materiais para essa ponderação". Esses parâmetros auxiliariam o intérprete, gerando mais segurança e previsibilidade e reduzindo as margens de arbitrariedades do órgão julgador. Os parâmetros são: i – existência de maior tolerância em relação aos excessos comunicativos expressos por integrantes de minorias oprimidas, do que de indivíduos membros de grupos hegemônicos quando atacam minorias; ii – "as contribuições racionais para o debate de ideias não devem ser censuradas nem reprimidas, ainda que sejam absolutamente desfavoráveis às minorias"; iii – não se deve banalizar o uso da categoria do *hate speech* como limitadora da liberdade de expressão; iv – "quando a liberdade de expressão estiver associada à liberdade religiosa, ela deve assumir um peso maior na ponderação de interesses"; v – "a restrição à liberdade de expressão relacionada à obra que contenha *hate speech* não tem como ignorar o valor artístico, teórico ou científico da obra como um todo"; vi – "O grau de dor psíquica, angústia, medo ou vergonha que as manifestações de ódio, intolerância e desprezo motivadas por preconceitos possam provocar nos seus alvos é critério extremamente importante na ponderação"; vii – a composição do auditório das mensagens do *hate speech* constitui outro importante aspecto, e quando integrado por crianças e adolescentes há maior incidência da restrição da liberdade de expressão; viii – o meio empregado para divulgação das mensagens de *hate speech*.

A pesquisa de Gomes; Salvador; e Luccas (2020) também oferece uma série de critérios, os quais os autores denominaram de "Matriz de variáveis". A Matriz tem como ponto alto a enumeração de vias alternativas à punição penal para o discurso de ódio. Como foi construída de forma descritiva, oferece um panorama excelente sobre o tema, pois utilizou como dados decisões judiciais de tribunais brasileiros e de jurisprudência internacional, escritos doutrinários, também nacionais e internacionais. Segundo os autores o objetivo na construção da matriz de variáveis foi contribuir para a resposta sobre a identificação do discurso de ódio, avaliação, e por fim sancionamento e regulação (2020, p. 48). Defendem que "o discurso de ódio é um "conceito guarda-chuvas" que abarcaria diferentes formas de manifestação, com graus de gravidade diversos" (2020, p. 49). A matriz de variáveis é

> Um grupo de variáveis que podem ser utilizadas para identificar a ocorrência de discursos de ódio, avaliar a sua gravidade e orientar a forma de sua regulação ou sancionamento, destacando-se que a regulação pode ser pensada a partir de situações sociais que vão além de casos particulares. De forma complementar, com ênfase em sua forma e não em seu conteúdo, a Matriz pode ser descrita como um conjunto estruturado de variáveis, que esclarece as relações lógicas entre elas, a função de cada uma e orienta a sua aplicação prática, tendo por objetivo a construção de regras jurídicas sobre discurso de

ódio. As variáveis são as ferramentas que o jurista dispõe para a resolução de casos concretos e o desenho de regulação.

A Matriz está dividida em três partes: da identificação; da avaliação e da regulação e sancionamento. No primeiro campo, da identificação, tem-se como elementos: i – o alvo; ii – a mensagem; iii – o contexto intencional. No segundo campo, da avaliação, os elementos são: i – o contexto situacional; ii – o orador; iii – a audiência; iv – o veículo da mensagem; v – o contexto histórico-social; vi – as consequências. A última parte, regulação e sancionamento, compõe-se das: i – políticas de prevenção; ii – do contradiscurso; iii – da remoção de conteúdo; iv -da censura prévia; v – da indenização; vi – das sanções criminais; vii – das sanções administrativas; viii – das sanções privadas.

O estudo é bastante interessante e rico em informações. No entanto, a proposta falha em não oferecer uma proposta filosófica e teórica sobre a liberdade de expressão, aduzindo em diversos momentos que os critérios da Matriz de Variáveis poderiam levar a lugares distintos e contraditórios, a depender da opção teórica adotada (2020, p. 100,101,104). Além disso, pressupõe que a descrição sobre o discurso de ódio seria suficiente para a sua construção conceitual normativa. Por fim, a vinculação feita na Matriz entre discurso de ódio e grupo de vulneráveis não é justificada, sendo perfeitamente possível conceituar o discurso de ódio sem essa vinculação. Críticas pertinentes às quais aderimos, foram feitas por Macedo Jr., e Gross (2020, p. 132-162). Amparo (2020, p. 181) também fez críticas relevantes sobre a Matriz de variáveis, questionando se a matriz

> significaria uma carta de elementos que, de maneira solta, compõem o discurso de ódio, ou se estes elementos possuem alguma relação entre si, que podem ser de prioridade, escalonamento, correlação, agravamento/seriedade ou outra.

Outra proposta teórica é defendida por Medrado (2018), que postula um novo parâmetro hermenêutico para a questão do discurso de ódio, com base na teoria do equilíbrio Joel Feinberg. Para este último haveria "quatro grandes princípios legitimadores da coerção estatal da liberdade" (MEDRADO, 2018, p. 223). O princípio do dano, pelo qual se busca prevenir danos físicos e patrimoniais; o princípio da ofensa, que teria como finalidade evitar que o "exercício da liberdade infrinja dor ou ofensa a terceiros; o princípio do paternalismo legal e o princípio do moralismo legal, estes dois últimos não liberais e aos quais o autor se opõe.

Para Feinberg (2018, p. 224) modelos de Estados extremamente liberais entendem como legítimo apenas o primeiro princípio, o do dano. De outro lado, modelos de Estados liberais moderados, aceitam tanto o princípio do dano como o princípio da ofensa, sendo esse o modelo defendido por ele. Todavia, a adoção do princípio da ofensa exige a construção de critérios para afastar a vagueza e ambiguidade do conceito de ofensa. É justamente visando elaborar critérios seguros que Feinberg criou o teste de equilíbrio. O teste é composto de duas partes (2018, p. 227-228), "de um lado, i – a seriedade da ofensa causada, e, de outro, ii – a razoabilidade do comportamento ofensivo". O *parâmetro da seriedade* da ofensa causada é verificado a partir de quatro elementos: a) a magnitude (intensidade, duração e extensão) da ofensa; b) a sua evitabilidade razoável; c) a não aceitação do risco de ser ofendido; e, por fim, d) o desconto de susceptibilidades anormais. O *parâmetro da razoabilidade* do comportamento ofensivo, por sua vez, é avaliado tendo por base seis elementos: a) a sua importância pessoal; b) o seu valor social; c) o direito à liberdade de expressão; d) a alternatividade do comportamento; e) o grau de malícia ou revanchismo; f) a natureza da localidade. De posse de tais parâmetros, a fórmula geral é, "quanto maior a seriedade da ofensa, tanto mais forte deverá ser a razoabilidade do comportamento ofensivo para que se o justifique" (MEDRADO, 2018, p. 229).

Medrado fundamenta o "princípio da ofensa como parâmetro hermenêutico para um microssistema penal do discurso de ódio", se utilizando do teste de equilíbrio de Joel Feinberg e da "sistematização das formas de preconceito", (2018, p. 55, 233-240). Defende (2018, p.55) que há seis formas de preconceito e que a sua sistematização seria relevante para a dogmática penal do discurso de ódio. As formas são:

i. O **preconceito-extermínio,** que abarca as ações mais graves de eliminação de pessoas ou grupos-alvos, como o genocídio, o terrorismo, o homicídio ou a lesão corporal.

ii. O **preconceito-discriminação,** que compreende as ações concretas de supressão do acesso de pessoas ou grupos-alvo a direitos atribuíveis a todos.
iii. O **preconceito-ofensa**, que diz respeito aos atos de fala violadores da honra subjetiva ou objetiva de pessoas ou grupos-alvo, abrangendo a injúria, a calúnia e a difamação de fundo preconceituoso.
iv. O **preconceito-crítica**, que abrange os atos comunicativos de elaboração intelectual pretensamente racional.
v. O **preconceito-obra**, que abrange as obras artísticas, intelectuais ou científicas com conteúdo preconceituoso.
vi. O **preconceito-humor**, que alcança as manifestações de escárnio preordenadas a causar o riso da audiência.

A construção do autor é interessante e tem operabilidade, na medida em que a sistematização auxilia na identificação de discursos completamente ilícitos, como o genocídio, o terrorismo, a incitação à prática de violência e a defesa de subjugação de pessoas ou povos, buscando suprimir-lhes direitos que têm por base, o preconceito extermínio e a discriminação. A categoria do preconceito-ofensa, vinculada que é à prática da calúnia, injúria e difamação, também tem grande relevância prática. Por fim, as três últimas categorias, preconceito-crítica, obra e humor, ajudam a compreender que em tais contextos deve prevalecer, inicialmente, a liberdade de expressão. Sem esquecer de que essas categorias das formas de preconceito devem ser aplicadas juntamente com os dois parâmetros do teste do equilíbrio.

A elaboração é relevante e demonstra a existência de trabalhos acadêmicos preocupados com a dogmática jurídica e, por consequência, com a segurança jurídica, com a previsibilidade, e com a uniformidade na aplicação do direito penal, que, por sua natureza, exige seriedade e zelo na avaliação da ocorrência de um crime, tendo em vista a possibilidade de privação da liberdade das pessoas. Outro ponto a ser destacado é que a proposta foi feita com base na realidade normativa brasileira, e não apenas em comparação de modelos teóricos ou de importação de modelos estrangeiros.

Todos esses modelos e programas demonstram a complexidade do tema, e a exigência de alto grau de compromisso teórico e dogmático.

O que mostra que afirmações simplórias não são suficientes, tais como "a liberdade de expressão não é um direito absoluto, e por isso deve ser restringida", "esta fala é discurso de ódio e deve ser proibida", ou a utilização do princípio da dignidade da pessoa humana, de forma meramente retórica, sentimental e não técnica para limitar a liberdade de expressão. Igualmente, é muito fácil defender que determinada fala, frase, livro, ou ideia de que não gostamos ou com que concordamos deve ser proibida e sancionada.

O fato de o Brasil ter leis penais que combatem discursos discriminatórios e preconceituosos não simplifica o debate, tendo em vista que toda e qualquer norma infraconstitucional deve ser objeto de avaliação de sua constitucionalidade. Por isso, o enfoque do trabalho é no direito constitucional positivo e na interpretação que o Supremo Tribunal Federal deu, em dois casos específicos, sobre a possibilidade de limitação do discurso religioso, quando imputado como discurso de ódio.

O uso genérico da expressão discurso de ódio cria mais problemas que soluções, facilitando abusos interpretativos e violações ao direito fundamental à liberdade de expressão e ao discurso religioso. Por isso é preferível a utilização do termo discriminação, constante na Constituição Federal e nas leis infraconstitucionais.

3.5 A natureza jurídica do discurso de ódio

O discurso de ódio pode ser enquadrado de, pelo menos, duas formas: como ato ilícito em sentido estrito, ou como ato de abuso do direito (MEDRADO, 2018, p. 69). A distinção não é preciosismo e possui grande relevância dogmática.

Como ato ilícito em sentido estrito, o discurso de ódio teria seu enquadramento jurídico no artigo 186 do Código Civil Brasileiro. De outro lado, como ato de abuso do direito de liberdade de expressão, seu enquadramento seria no artigo 187 do Código Civil Brasileiro. As formas de responsabilização, subjetiva e objetiva, demonstram a importância da clareza na definição da natureza jurídica do discurso de ódio.

A questão ainda é relevante diante do tema da restrição aos direitos fundamentais, com as teorias externa e interna apresentando perspectivas distintas e grande relevância prática na efetivação de tais direitos. Marcelo Schenk Duque (2014) esclarece as duas teorias, afirmando que

> A concepção equivalente à chamada teoria externa indica que o conceito de restrição de um direito aponta para a existência de duas coisas distintas, que são o direito e a sua restrição, onde se observam o chamado "direito em si", que é o direito não restringido (prima facie), que corresponde ao âmbito de proteção de um direito fundamental e aquilo que resta do direito após a efetivação da restrição, que é o chamado "direito restringido". [...] Nesse passo, a teoria externa reconhece a existência de limites externos ou extrínsecos aos direitos fundamentais - limites que vêm ou são impostos por fora - que provêm da necessidade de harmonização desses direitos com outros bens constitucionais.
>
> [...]
>
> De acordo com a teoria interna, o conteúdo definitivo de um direito situa-se fixado de antemão, pelo fato de resultar de si, da "natureza ou da essência da própria coisa". A consequência desse entendimento é que um direito fundamental é garantido de antemão com o seu conteúdo definitivo, de modo que uma restrição não é necessária, tampouco possível. (DUQUE, 2014, p. 361-362).

Para quem adota a teoria dos limites imanentes dos direitos fundamentais, o discurso de ódio seria enquadrado como ato ilícito, pois se encontraria fora do âmbito de proteção do direito fundamental à liberdade de expressão. Por sua vez, se se adota a teoria dos limites externos dos direitos fundamentais, então a natureza jurídica do discurso de ódio seria de abuso do direito de liberdade de expressão.

A natureza jurídica do discurso de ódio ou discriminatório, por vezes não recebe a devida atenção, não sendo difícil encontrar na doutrina e jurisprudência quem misture os conceitos e defenda, ao mesmo tempo, que determinada expressão não faz parte da liberdade de expressão, e que seria, igualmente, uma extrapolação da liberdade de expressão. Contudo, não se pode extrapolar ou abusar de algo que não se tem. Para existir abuso de direito é necessário que primeiro exista o direito. Se uma expressão não é protegida pela liberdade de expressão, quer dizer que não há abuso de direito ou extrapolação, mas, sim, a prática de um ato ilícito.

O afastamento, *a priori*, de determinada conduta ou expressão do âmbito de proteção de um direito fundamental leva a grandes dificuldades teóricas de justificação e reduzem drasticamente a eficácia e a importância prática de um direito fundamental. Por isso, neste livro, adota-se a teoria dos limites externos dos direitos fundamentais, e, por consequência, o discurso de ódio seria compreendido como abuso do direito (artigo 187 do código civil brasileiro).

3.6 Liberdade de expressão, discurso de ódio e o local adequado para solução de conflitos

Qual o local adequado para resolver conflitos envolvendo colisões entre liberdade religiosa e atos de discriminação? A resposta à pergunta lançada vai depender de alguns fatores, tais como o conceito adotado para a expressão “discurso de ódio”, o conceito e fundamento da liberdade de expressão, o enfoque adotado, se dogmático, teórico, sociológico etc., uma preocupação a longo prazo ou a curto prazo com a livre circulação e ideias e com a proteção dos direitos fundamentais.

Para quem utiliza um conceito amplo de discurso de ódio toda e qualquer manifestação de expressão, ou seja, qualquer ato discursivo poderia ser enquadrado como discurso de ódio, ainda que não incite à violência ou não cause dano imediato. Assim, o discurso de ódio seria um limitador da liberdade de expressão, não importando se há base constitucional ou não para essa limitação.

De outro lado, os autores que entendem ser o conceito de discurso de ódio muito vago e sem critérios claros sobre como identificá-lo, defendem a legitimidade de discursos tidos como de conteúdo discriminatório.

A resposta à questão lançada por vezes é anunciada sem qualquer exame das normas constitucionais e da legislação brasileiras. A opção por determinada ideologia leva a uma resposta imediata afirmativa ou negativa. A busca por uma resposta que equacione a defesa firme e veemente da liberdade de expressão, da liberdade de expressão religiosa, dos direitos da personalidade, da tolerância, e da paz social, exige uma reflexão não sentimental ou emocional (AVILA, 2021, p. 74), com vistas ao estabelecimento de critério que impactará toda a sociedade.

Na doutrina há quem elenque perigos na proibição de um discurso com base em seu conteúdo. Defendem (FADEL, 2018) que a ausência de um conceito claro, delimitado e preciso sobre o que seria discurso de ódio, levaria ao perigo de se estabelecer censura prévia ou mesmo autocensura. Além do perigo da concessão ao Estado de ser o censor e oráculo das ideias "verdadeiras e corretas". Há ainda o temor da utilização, pelas forças majoritárias, de instrumentos repressivos estatais para silenciar grupos ou indivíduos considerados indesejados. Elencando, por fim, a possibilidade de surgimento de um Estado autoritário ou totalitário que não permite críticas a sua atuação e estabelecendo práticas de censura.

A concessão ao Estado do poder de ser o censor da verdade, das boas ideias, da moralidade pública, por vezes não é sequer cogitada no debate. No entanto, os mesmos mecanismos estatais que hoje são usados, de forma genérica, sem critérios, e discricionária, para silenciar discursos que "eu" entendo como intolerantes, amanhã poderão ser utilizados para "me" silenciar, ou para silenciar ideias que os governantes, juízes ou autoridades públicas entendam como discursos inapropriados, inadequados, ou politicamente incorretos, quando dirigidos contra suas ações e práticas funcionais.

É preciso recordar que os partidários da defesa da liberdade de expressão e da crítica ao uso da expressão discurso de ódio não são cegos aos possíveis problemas sociais que podem surgir com a livre expressão de discursos ácidos, grosseiros, rudes, ríspidos e com conteúdo discriminatório. A diferença nuclear é que há pessoas que entendem que o Estado e, mais precisamente, o legislativo e judiciário são os locais adequados para moralizar a sociedade, resolver os problemas relacionados a discursos ácidos e rudes, enxergando uma função paternalista do Estado e vendo os indivíduos como incapazes de senso crítico e de maturidade para receber uma informação, refletir sobre ela e tomar uma decisão. E há pessoas que entendem que o local adequado é a própria sociedade, se valendo de contradiscursos, debates amplos e abertos sobre temas polêmicos, e entendendo que os indivíduos são capazes e possuem autonomia para decidir os rumos de suas vidas e para saber lidar com ideias e informações intolerantes ou rudes.

	Prevalência da liberdade	Proibição do discurso de ódio
Local de resolução do conflito	Sociedade	Judiciário, Legislativo, Executivo.
Meios	diálogos, debates, livre circulação de ideias.	Criminalizações; prisões; censura; indenizações individuais e coletivas; busca e apreensão, bloqueio de redes sociais.
Pressupostos	autonomia, liberdade, dignidade dos indivíduos.	Ausência de senso crítico e de discernimento da sociedade; Capacidade do Estado de resolver conflitos; Proteção de minorias e grupos vulneráveis;
Agente	Indivíduo e a sociedade	O Estado
Críticas	Desproteção a grupos vulneráveis, minoritários. Ausência de acesso de todos os grupos ao debate. Possibilidade de ideais intolerantes destruírem a democracia.	Estado como censor da verdade; Autoritarismo e totalitarismo; Paternalismo; Censura prévia; Inibição do debate público; autocensura; medo.
Contextos em que se admite a limitação da liberdade de expressão	Contextos especiais: escolares, ambientes de trabalho; publicidade;	Qualquer contexto. Debate público e contextos especiais.
Admissão de limitação da liberdade de expressão	Quando existir dano real e concreto; incitação da violência; defesa de terrorismo e genocídio; limitação de direitos ao grupo alvo do discurso.	Sempre que o discurso for enquadrado como de "ódio", violando a dignidade da pessoa humana, os direitos da personalidade, a honra; e for dirigido contra minorias.

Tabela 5. Elaborada pelo autor.

O quadro acima descrito é uma tentativa, simplória e reduzida, de situar os muitos argumentos e posições sobre o debate, não tendo a menor intenção de sintetizar de forma abrangente o panorama sobre o tema. É evidente que em cada um dos lados existem inúmeros entendimentos e teses, umas mais radicais e outras mais moderadas.

Em relação ao discurso religioso proselitista e sua limitação pelo discurso de ódio, a nossa proposta sobre essa questão será dada no último capítulo.

4.
RELIGIÕES E DISCURSO RELIGIOSO PROSELITISTA

4.1 Discurso religioso e suas peculiaridades

O fenômeno religioso é complexo, plural, multifacetado, cultural e milenar. Seria a liberdade religiosa igual à liberdade de expressão? Ou teria a liberdade religiosa aspectos peculiares que exigiriam um olhar específico? Limitar a liberdade de expressão tem o mesmo efeito que limitar a liberdade religiosa?

Há pessoas que entendem que a liberdade de expressão e a liberdade de expressão religiosa têm o mesmo conteúdo, finalidade e importância, não havendo distinções. Nesse sentido, o direito de culto seria apenas mais um exemplo prático do direito à reunião, e não um desdobramento da liberdade religiosa.

Essa postura negativa das peculiaridades do fenômeno religioso, por vezes tem por fundamento o completo desconhecimento e indiferença sobre o tema ou mesmo uma atitude laicista. Entretanto outros autores (RIVERO, 2006, p. 522) defendem que a religião possui determinadas características que a distinguem de outros fenômenos sociais, proposta adotada neste livro. Dessa forma, haveria distinção entre um discurso religioso proselitista e um discurso político, ou mesmo entre um ajuntamento de pessoas numa assembleia de condomínio de um edifício e o ajuntamento de pessoas para celebrar um culto. A especificidade da religião está em sua complexidade e abrangência, pois

> Toda religião é um fenômeno complexo e difícil de apreender plenamente do exterior. Ela afirma a existência de realidades sobrenaturais, a cujo respeito o homem está em situação de dependência; organiza as relações que essa dependência postula. O homem religioso adere a essa afirmação, adota

> essa organização de suas relações com o sobrenatural. Com isso, sua adesão ultrapassa largamente a mera profissão de uma opinião em outra área, pois comporta não a asseveração de uma preferência pessoal e subjetiva, mas a crença numa realidade considerada objetiva, transcendente e superior a qualquer outra. (RIVERO, 2006, p. 522-523)

Demonstrando a singularidade da religião, Rivero (2006, p. 523-524) discorre sobre seus componentes, que seriam: um ato pessoal de adesão à religião, a suas crenças e à visão de mundo proposta por ela; a adoção de um conjunto de comportamentos que tem por finalidade firmar e manter a ligação do homem com Deus; a introdução na comunidade da fé e a incorporação na coletividade religiosa; em alguns casos a filiação a uma organização religiosa; uma atitude missionária e proselitista de divulgação da crença religiosa. Coutinho (2012) esclarece que as crenças, as práticas e os símbolos são os aspectos mais distintivos da religião.

> As crenças encerram definições em relação ao sagrado. Geralmente, englobam também aspectos relativos ao homem e à sua relação com o sagrado. [...] As práticas religiosas configuram a relação do homem com o sagrado, englobando ritos, rituais, orações e outros. Os ritos religiosos são heranças culturais religiosas que determinam formas especiais de viver as crenças, nomeadamente o culto e a devoção pessoal. Os rituais religiosos são gestos, palavras, procedimentos, imbuídos de simbolismo, que efetivam os ritos religiosos, sendo resultado das normas estabelecidas por tradições religiosas. Os rituais são as ações e os ritos são as estruturas. [...] Os símbolos compreendem objetos, gestos, expressões, palavras, aspectos evocativos de certas crenças. Os significados são guardados em símbolos, os quais, dramatizados em rituais ou narrados em histórias, são vividos como resumo do sentido de mundo. [...] A simbologia das crenças e das práticas torna mais concreta e palpável certa cosmovisão, tornando-se os símbolos poderosos fatores de sentido na vida das pessoas, ajudando, ainda, a firmar a coesão social. [...] Os valores são sistemas organizados e estáveis de preferências que modelam os comportamentos dos atores. As atitudes são opiniões que refletem sentimentos e valorações. (COUTINHO, 2012, p. 180)

Esses componentes diferenciadores demonstram que

> [...] a religião .... exerce sobre o homem religioso uma dominação total. Na medida em que lhe fornecem uma explicação global de seu destino, elas inspiram seus comportamentos individuais e sociais, modelam seu pensamento e sua ação. Porque afirma a prioridade da ordem sobrenatural sobre toda ordem humana, elas levam todo homem religioso consequentemente consigo mesmo a preferir, em caso de conflito entre o poder do Estado e os imperativos da fé, a obediência à regra mais alta. (RIVERO, 2006, 524).

Achar que seguir uma crença religiosa é igual a ser filiado a um partido político ou a uma torcida organizada é não compreender este aspecto da totalidade que a religião proporciona, pois ela oferece uma visão de mundo, um significado para a existência humana, uma finalidade para a vida, visando moldar o interior do indivíduo, e o incluindo em uma comunidade que possui comportamentos, rituais, e ética próprios.

> Para o homem religioso, esses comportamentos, que constituem a prática de sua religião, não são redutíveis à noção de manifestação de uma opinião; trata-se realmente de algo muito diferente da exteriorização social de um pensamento pessoal: da obediência a uma regra cuja origem e sanção se situam mais além de qualquer poder humano. (RIVERO, 2006, p. 523).

Nesse contexto, a qualificação de um discurso religioso como sendo um discurso de ódio ou discriminatório deve ser precedida da compreensão da religião em si, das crenças que aquela fé religiosa possui, de suas práticas e sua visão de mundo.

A igualação do fenômeno religioso a fenômenos sociais distintos é uma estratégia de desvalorização da religião, rebaixando-a a uma mera ideologia ou concepção política, um traço, ainda que inconsciente, do iluminismo francês e de seu ódio à religião. Para Gertrude Himmelfarb (2011) não há somente um iluminismo, o francês, mas sim Iluminismos, no plural, destacando o britânico, o francês e o americano. Para a autora "os Iluminismos britânico e americano foram liberais em termos de religião, compatíveis com um amplo espectro de crença e descrença" (2011, p. 32). Os Iluminismos britânico e americano não foram antirreligiosos como foi o francês. Segundo a autora "o legado mais óbvio do Iluminismo [francês] foi o anticlericalismo".

> A força propulsora do Iluminismo britânico não foi a razão, mas as "virtudes sociais" ou "afecções sociais". Na América, foi a liberdade política a força motriz de seu Iluminismo, bem como o motivo de sua revolução e a base para a república. Para os filósofos morais britânicos e para os Fundadores americanos, a razão foi um instrumento para a obtenção de um fim social mais amplo, e não o fim em si. E, para ambos, a religião foi uma aliada, não uma inimiga. (HIMMELFARB, 2011, p. 33).

De outro lado, o Iluminismo francês era anticlerical e substituiu a religião pela razão, elevando-a ao mesmo *status* da crença religiosa.

> A ideia de razão tinha como seu reverso a ideia de religião. "Razão é para o filósofo", declarava a *Encyclopédie,* 'o que a graça é para o cristão. A graça move o cristão a agir, a razão move o filósofo". Aqui como em outros lugares, a razão não era apenas oposta à religião ou definida em oposição a ela; reconhecia-se a razão como tendo o mesmo *status* absoluto e dogmático da religião. [...] E a razão tornava ilegítima não só a Igreja Católica, mas qualquer forma de religião estabelecida ou institucional, e, para além delas, qualquer fé religiosa dependente de milagres ou dogmas que violavam os cânones da razão. (HIMMELFARB, 2011, p. 195).

O iluminismo francês não eliminou totalmente a religião, mas conservou alguns de seus aspectos, arguindo, ainda que não admitindo, a razão ao postulado de dogma. A passagem da teologia para a metodologia não eliminou todos os traços da teologia, tendo a razão mantido diversos aspectos teológicos, dentre eles, o exclusivismo e a tendência escatológica (SALDANHA, 2005, p. xi, 8, 10, 11).

4.2 Discurso religioso proselitista: conceituação

O discurso pode ter por conteúdo a religião e ser proferido por alguém que não é religioso ou que não professa aquela crença religiosa, de forma que um ateu pode perfeitamente discursar sobre o hinduísmo. Quando proferidas por pessoas religiosas o discurso pode ter ou não finalidade proselitista. Assim, nem todo discurso religioso é proselitista. O que distingue um discurso proselitista é a intenção ou finalidade de conversão, de trazer pessoas para aquela crença (TAVARES, 2009).

O discurso religioso, proselitista ou não, é elemento nuclear da liberdade religiosa, portanto, é direito fundamental. É certo que o proselitismo religioso é mais enfático nas religiões de caráter universal, ou seja, naquelas em que faz parte da crença a pregação e divulgação da fé para outras pessoas.

> Porque afirmam a existência de uma verdade absoluta e salvadora, as grandes religiões são necessariamente missionárias: difundir essa verdade é para elas uma obrigação, perante Deus e os homens. Essa atividade proselitista, conforme as doutrinas e as civilizações, pôde adquirir as formas mais diversas, desde a intolerância ou mesmo a conquista até o testemunho silencioso e o martírio. (RIVERO, 2006, p.535)

O proselitismo religioso é o "conjunto de comportamentos dirigidos dentro da comunidade dos crentes para fora dela, com a finalidade de convidar outros à aderirem à mesma (Tuschnet)" (WEINGARTNER NETO, 2007, p.117). Tendo sido reconhecido pelo Tribunal Europeu de Direitos Humanos, no caso *Minos Kokkinakis c. Grécia* (1993), como direito humano. (WEINGARTNER NETO, 2007, p.117).

Nesse contexto, o proselitismo religioso é exercido tanto pelos líderes religiosos como pelos fiéis que seguem aquela concepção de fé. Como o discurso religioso é elemento nuclear da liberdade religiosa, tem ele natureza de direito fundamental, sendo titularizado pelas pessoas religiosas. A divulgação da crença religiosa é feita pelos mais diversos meios: livros, folhetos, palestras, pregações, diálogos individuais, em programas de rádio, de TV e na internet. A finalidade do discurso religioso proselitista é, ao mesmo tempo, a de defender a sua crença, de demonstrar a incorreção das outras crenças e, com base nessas estratégias, converter pessoas, fazer prosélitos, angariar novos adeptos.

> O homem não se contenta com o mero fato de poder ter as opiniões que quiser, vale dizer: ele necessita antes de mais nada saber que não será apenado em função de suas crenças e opiniões. É da sua natureza no entanto o ir mais longe: o procurar convencer os outros; o fazer proselitismo. (BASTOS, 2010, p. 295).

Sendo assim, o discurso religioso, sendo elemento da liberdade religiosa, tem status de norma constitucional e natureza de direito fundamental, merecendo a devida tutela pelo Estado.

4. Religiões universalistas e o proselitismo religioso

O proselitismo religioso é uma característica de grande parte das manifestações religiosas e é exercido pelos mais diversos meios, seja pela palavra falada, pela escrita em livros, folhetos, literatura, pela música, cinema, teatro e por gestos.

Cada religião possui um sistema de crenças no sagrado e uma visão particular de mundo, o que leva à adoção de um comportamento pautado por aquela crença religiosa. De forma que a crença é visualizada em concreto pela prática e vivência das ideias e dos valores religiosos.

Algumas religiões dão ênfase maior no proselitismo religioso do que outras, pois, a sua concepção de fé tem como fundamento a propagação da sua crença religiosa. Em alguns casos o exercício do proselitismo religioso é visto como um sinal de devoção e zelo do fiel pela sua crença religiosa.

Tendo as religiões cosmovisões próprias, e acreditando na veracidade de tal visão de mundo, a vivência da crença impõe a observância de padrões de conduta, de vestimenta, de linguagem, e de exposição da crença.

> A visão de mundo, cosmovisão ou *weltanschauung* corresponde à forma como a sociedade interpreta o mundo e interage com ele, em áreas como a religião, a política, a economia, a ciência, entre outros. [...] As cosmovisões situam o indivíduo na sociedade, explicam-lhe o significado do mundo, dão sentido à sua vida e orientam-no para o futuro. (COUTINHO, 2012, p.180)

Como afirmado, há religiões universalistas e outras não, que poderiam ser classificadas como relativistas no sentido de não terem uma postulação de moralidade absoluta, admitindo formas diversas de concepções de bem e de mal. As universalistas têm como singularidade serem teorias de primeira ordem, e as não universalistas de serem teorias de segunda ordem.

> As teorias de primeira ordem procuram solucionar discordâncias morais, demonstrando que as teorias e princípios alternativos deveriam ser recusados. O objetivo de cada uma é ser a única teoria capaz de solucionar a discordância moral. As teorias de justiça mais conhecidas – utilitarismo, liberalismo, igualitarismo liberal, comunitarismo – são teorias de primeira ordem nesse sentido. Cada teoria busca resolver o conflito moral, mas o faz de forma que necessite recusar os princípios de seus adversários. [...]
> Teorias de segunda ordem são sobre outras teorias, no sentido em que oferecem formas de lidar com as solicitações das teorias conflitantes de primeira ordem. Elas dão espaço para a continuidade do conflito moral que as teorias de primeira ordem pretendem eliminar. Elas podem ser mantidas consistentemente sem rejeitarem uma grande quantidade de princípios morais expressados pelas teorias de primeira ordem. (GUTMANN; THOMPSON, 2007, p.29)

É interessante que não apenas a religião tem por elemento possuir uma cosmovisão que se vê como absoluta e correta. As teorias da justiça, as ideologias, e algumas teorias filosóficas e sociológicas também possuem essa característica. Ou seja, o conflito de cosmovisões, de concepções múltiplas de mundo não ocorre somente no âmbito religioso.

Igualmente, a admissão de que uma religião é universalista e que tem natureza de teoria de primeira ordem não significa que as crenças religiosas irão impor, compulsoriamente, sua visão de mundo sobre pessoas que não partilham de suas crenças. Há religiões com caráter universalista que não confundem as esferas da cidade de Deus e da cidade dos homens. Isto é, o desejo e a intenção de propagar sua crença e de angariar novos adeptos não está vinculado à ideia de imposição dessas crenças sobre as pessoas. Desse modo, a entrada de uma pessoa em uma religião deve ser feita de forma livre e voluntária e sem qualquer coerção. Logo, não se pode deduzir que o termo universalista leve à imposição de crenças de forma compulsória, mas sim, que aquela determinada religião, por sua natureza, tem como característica a ampla divulgação e propagação da sua fé e a finalidade de converter outras pessoas. O fato de algumas religiões possuírem uma cosmovisão que acreditam ser a única verdadeira, e, portanto, absoluta, não gera, como consequência, a confusão entre o reino de Deus e o reino terrestre. O proselitismo é religioso e não político, chamando as pessoas para aderirem a um corpo de crenças, a uma forma de vida e conduta, e não a um exército ou a um partido político ou forma política.

Por certo, numa sociedade plural e com milhares de religiões, cada uma com seus rituais, crenças, cosmovisões, condutas e moralidade, o conflito de visões é inevitável. Em certo sentido, e considerando o proselitismo religioso como elemento da liberdade religiosa, a existência de discórdia entre grupos religiosos deve ser vista como normal e natural, desde que não haja violência física ou incitação à prática de violência física. A cizânia não é privilégio das religiões, existindo em qualquer campo de conhecimento e em muitos âmbitos da sociedade.

> Mesmo indivíduos completamente altruístas tentando decidir sobre os melhores padrões morais para se governar uma sociedade em plenitude não seriam capazes de harmonizar certos conflitos morais além de uma dúvida justa. [...] A deliberação não pode fazer com que valores incompatíveis sejam compatíveis, mas pode ajudar seus participantes a reconhecer o mérito moral presente nas exigências de seus oponentes, quando estas possuírem mérito. [....] No calor da discussão, os participantes podem aprender uns com os outros, reconhecer seus mal-entendidos individuais e coletivos, e desenvolver novos pontos de vista e políticas que possam resistir a um escrutínio mais rigoroso. (GUTMANN; THOMPSON, 2007, p.27-28)

Esperar extinguir o dissenso de ideias numa sociedade democrática é um anseio equivocado e ingênuo. A presença de dissenso não pode ser tida como algo anormal e a ser corrigido, pelo contrário, ela é a consequência de uma sociedade pluralista e da liberdade de seus indivíduos de escolher e aderir a ideias distintas.

4.4 Religiões mundiais e o mosaico de crenças

Há um enorme número de religiões e de crenças religiosas existentes atualmente, cada uma com uma cosmovisão, rituais, comportamentos, ética e moralidade e formas de expressão diferentes. Tudo isso gera manifestações culturais distintas.

Por certo que a divisão do mundo em ocidental e oriental não pode ser usada de forma estanque, ainda mais numa época de globalização, de supervelocidade da informação e de ultraconexão entre as regiões mais remotas. Contudo, a divisão é didática e tem muitos créditos, dentre eles a visibilidade da pluralidade cultural e religiosa.

Gaarder; Hellern; Notaker (2000), na obra "O livro das religiões", sistematizaram as principais características das religiões ocidentais – judaísmo, islã e o cristianismo – frente às religiões orientais – hinduísmo, budismo e taoísmo. Dentre as muitas peculiaridades, teríamos: em relação à visão da história às religiões ocidentais tem uma visão linear, isto é, "a história tem um começo e um fim, o mundo foi criado num certo ponto e um dia irá terminar"; As religiões orientais concebem a história numa perspectiva cíclica, se repetindo num ciclo eterno e sendo o mundo eterno; As religiões ocidentais adotam um conceito de Deus monoteísta, ou seja, há um único Deus; enquanto as orientais são politeístas, admitindo a existência de muitas divindades, ou panteístas, sendo a divindade o próprio mundo, uma força impessoal que está em tudo e em todos. A salvação nas religiões ocidentais vem por meio da redenção, com o Deus redimindo a humanidade, julgando o pecado, punindo os pecadores e trazendo para o céu os que cumpriram seus mandamentos; já no oriente a salvação é "se libertar do eterno ciclo de reencarnação da alma e do curso da ação. A graça vem por meio de atos de sacrifício ou do conhecimento místico". Quanto ao culto, no ocidente ele seria particularizado pela oração, pregação e louvor; e no oriente pela meditação e sacrifício.

Essa enumeração feita pelos autores demonstra de forma didática o enorme caldeirão cultural e religioso existente no mundo contemporâneo e, por certo, são restritivas em demasia em relação a algumas religiões, servindo não como um apanhado exato de cada fenômeno religioso, mas, sim, como uma tentativa de síntese e de classificação.

4.5 A estrutura do discurso crítico religioso e não religioso

Algumas religiões trabalham com conceitos de pecado, inferno, céu, demônios, anjos, entidades, espíritos, reencarnação, misticismo, moralidade, amoralidade, dentre outros. Para uma religião que não adota o panteísmo, a adoração à natureza ou aos animais é algo equivocado, podendo ser considerado por algumas pessoas como uma piada, um atraso intelectual. Outros podem compreender, por exemplo, que a existência de templos na Índia, nos quais se adoram ratos, seria uma demonstração de alienação, de burrice, insanidade, negação da ciência ou mesmo uma adoração a demônios.

O ponto é: a crítica ou um comentário sobre a existência de um templo no qual os ratos ou vacas são adorados pode ser feita tendo por base uma crença científica específica, uma crença filosófica, uma crença histórica e cultural, e uma crença religiosa. Isto é, o ponto de partida para uma crítica a uma religião pode ser o mais variável possível.

Neste livro, parte-se do pressuposto de que todas as pessoas possuem crenças, ainda que elas não percebam isso, mesmo quando pensem que apenas as pessoas religiosas a possuem. Crença aqui está sendo utilizada como significando acreditar em algo, não necessariamente em algo religioso ou metafísico. Por isso, o ateísmo (negação da existência de um Deus) ou o agnosticismo (ausência de certeza quanto a existência ou inexistência de um Deus ou quanto à possibilidade do conhecimento sobre essa questão) possuem cada um suas crenças. Isto é, não é possível o vácuo de crença. As pessoas sempre adotam, intencionalmente ou não, uma determinada visão de mundo, e, por consequência, uma determinada crença sobre a moralidade, a sociedade, a ciência e os mais variados temas.

Desse modo, a crítica a uma crença religiosa ou não religiosa pode ser feita tendo por fundamento outra crença religiosa ou não religiosa. A crítica pode inclusive ser elaborada na confluência de mais de uma crença.

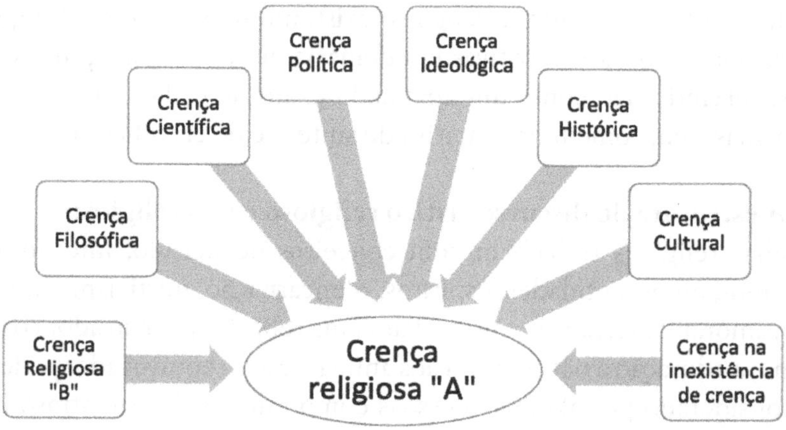

FLUXOGRAMA 1. Elaborado pelo autor.

Em um debate sobre concepções distintas de crenças ou teses, é possível que os interlocutores utilizem os seguintes argumentos: exposição da crença ou tese "A"; defesa da crença ou tese "A"; crítica das crenças ou teses "B", "C" e "D", que lhe são opostas.

Numa tentativa de sistematização, ter-se-á em todo discurso, religioso ou não, como formas de argumentação, as seguintes possibilidades, que podem vir isoladas ou cumuladas, a critério do interlocutor:

Exposição da crença ou tese "A"

→Pura – apresentação pura e exclusiva dos fundamentos da crença ou tese "A".

→Comparativa – apresentação comparativa dos fundamentos da crença ou tese "A" frente a outras crenças ou teses. Comparando e destacando as distinções da crença ou tese "A" frente às crenças/teses "B", "C" e "D".

Defesa da crença ou tese "A"

→Defesa interna – demonstração da coerencia, da lógica, da coesão, harmonia interna da crença/tese "A". Aqui, os parâmetros são os da própria crença/tese "A".

→Defesa externa – demonstração de que as críticas que são feitas à tese/crença "A", com base nas crenças e teses opostas, "B", "C" e "D", portanto crenças externas, não são fortes o suficiente, padecem de contradições, não enfrentam o núcleo da questão, não abrangem a totalidade da crença/tese "A", por exemplo. Aqui, os parâmetros são feitos com base nas crenças e teses opostas "B", "C" e "D".

Crítica das crenças e teses opostas "B", "C" e "D".

→Internas – a crítica é feita tendo por base os pressupostos teóricos das crenças e teses opostas. Assim, a crítica à tese/crença "B" é feita aceitando os pontos de partida dela, e demonstrando sua incoerência ou incorreção interna.

→Externas – a crítica é feita tendo por critério os pressupostos teóricos da crença "A". Criticam-se as demais crenças/teses, argumentando que "A" é a mais correta, adequada, coerente, e que as demais estariam erradas, por irem de encontro a "A".

FLUXOGRAMA 2. Elaborado pelo autor.

Importa destacar que as possibilidades estratégicas de que um interlocutor pode se valer para afirmar a correção de determinada teoria/tese/crença são as mesmas em todos os discursos. Evidente que no discurso científico, nas ciências naturais, as afirmações, teorias e teses são feitas com base em dados. Mesmo assim, a estrutura apresentada se aplica no debate científico, com adaptacões, é claro. No discurso religioso, o caráter dogmático, a adoção de pressupostos e pontos de partida, são uma peculiaridade. Contudo, não só é possível, como existem discussões acadêmicas sobre esses pressupostos, nas quais se questiona a própria existência do dogma. Ainda assim, a estrutura argumentativa apresentada se aplica.

Ponto importante é o de que o emprego de categorias teológicas ou religiosas em uma crítica não pode ser visto como discriminatório ou discurso de ódio, pelo fato de que nada mais é do que a exteriorização da concepçao de fé daquela pessoa. Alguns exemplos podem elucidar a questão. Exemplo 1. Uma pessoa religiosa que acredita na reencarnação e faz uma crítica a uma outra pessoa ou grupo social, afirmando que na vida anterior foram cruéis e que, por isso, estão nesta vida padecendo males. Exemplo 2. Um líder religioso afirma que determinada pessoa ou grupo está possuída (os) por seres espirituais perversos e que necessitam de um ritual de purificação para se livrar (rem) deles. Exemplo 3. Um pregador afirma que quem pratica determinadas condutas não é filho de Deus, mas, sim, do diabo. Exemplo 4. Um índio repreende uma pessoa e diz que ela será amaldiçoada por uma divindade. Exemplo 5. Um padre expõe que a destruição de imagens de santos é comprovação de possessão demoníaca.

Em todos os exemplos temos uma pessoa que possui determinada crença religiosa que vamos chamar de “A”, fazendo uma crítica ou expondo sua crença em direção a “B”, que possui uma outra religião ou que não possui religião. Não há como considerar que essas expressões são discriminatórias ou que vilipendiam a dignidade humana, pois, para quem não acredita, por exemplo, em possessão demoníaca, ou em seres espirituais, ou mesmo em Deus, aquelas frases são irrelevantes. Um fato social pode ser lido por diversas religiões como sendo ou uma demonstração da ira de Deus, ou de sua bondade, ou da inexistência de Deus, ou da existência de muitos Deuses, e outros. Não se pode aceitar que uma religião possa se expressar sobre aquele fato de acordo com suas crenças e que outras religiões não possam, sob o argumento de que suas crenças são discriminatórias, pois estaria violada a igualdade religiosa e a não confessionalidade estatal.

Nesse contexto, em que milhares de religiões possuem códigos de conduta -moralidade – diversos e formas de expressão de sua religiosidade também diversas, não é possível intentar a ausência de dissensos entre as religiões em si e entre elas e as demais crenças não religiosas existentes.

Ainda que nem todas as religiões possuam o proselitismo como nota essencial, a simples afirmação da existência de uma crença contrária a outra crença já pode gerar desavenças.

Não se está negando a possibilidade de convivência harmônica entre as religiões, pelo contrário, acreditamos plenamente na possibilidade de convivência sem qualquer tipo de violência física e com o total respeito entre as mais diversas crenças.

No entanto, a convivência pacífica não pode ser entendida como ausência de qualquer tipo de conflito entre as religiões. O dissenso entre as crenças religiosas é algo normal e natural, desde que não haja violência física.

5.
DISCURSO RELIGIOSO E DISCURSO DE ÓDIO NO SUPREMO TRIBUNAL FEDERAL: APRESENTAÇÃO DOS CASOS *RHC 134.682/BA* E *RHC146.303/RJ*

5.1 O caso do RHC 134.682/BA

5.1.1 Apresentação do caso

O primeiro caso a ser explorado é o recurso em *habeas corpus* de n. 134.682/BA, julgado pela primeira turma do Supremo Tribunal Federal em 29.11.2016. O Relator do caso foi o Ministro Edson Fachin e participaram do julgamento os Ministros Luís Roberto Barroso, Marco Aurélio, Luiz Fux e Rosa Weber.

O caso iniciou-se em 08.04.2008 após um Centro Espírita, organização religiosa registrada no CNPJ, com sede em Salvador-Bahia, ter apresentado "denúncia" ao Ministério Público Estadual da Bahia, em face de Sacerdote Católico, por suposta prática de crime de discriminação religiosa. Em 16.04.2008 o Ministério Público Estadual ofereceu denúncia contra o Padre pela prática de incitação de discriminação ou preconceito religioso, com base no artigo 20, parágrafos 2º e 3º da Lei nº. 7.716/1989. Na denúncia afirmou-se que o Padre teria praticado os crimes de discriminação religiosa e de preconceito religioso, ao ter feito afirmações contra o Espiritismo, o Candomblé e a Umbanda, no seu livro "Sim, sim! Não, não! Reflexões de cura e libertação".

A denúncia foi recebida e posteriormente o Ministério Público Estadual requereu medida cautelar para recolhimento imediato, em todas as livrarias, bancas de jornais e revista, localizadas no Município de Salvador, dos exemplares da obra "Sim, sim! Não, não! Reflexões de Cura e

Libertação" de autoria do padre denunciado, tendo sido deferido pelo juízo de primeiro grau.

Na denúncia (fls.,2-5 dos autos físicos) o Ministério Público transcreveu alguns trechos do livro "Sim, sim! Não, não! Reflexões de Cura e Libertação" escrito pelo Padre, nos quais haveria a prática de discriminação religiosa ou de preconceito religioso. As partes são:

> *O demônio,* dizem muitos, "não é nada criativo". Ele continua usando o mesmo disfarce. Ele que no passado se escondia por trás dos ídolos, *hoje se esconde nos rituais e nas práticas do espiritismo, da umbanda, do candomblé e de outras formas de espiritismo.* Todas essas formas de espiritismo têm em comum a consulta aos espíritos e a reencarnação. (páginas 29/30).
>
> *Os próprios pais e mães-de-santo e todos os que trabalham em centros e terreiros são as primeiras vítimas: são instrumentalizados por Satanás.* (...) A doutrina espírita é maligna, vem do maligno. (página 16).
>
> Acabe com tudo: tire as imagens de iemanjá (que na verdade são um disfarce, uma imitação de Nossa Senhora). Acabe com tudo! Mesmo que seja uma estátua preciosa, mesmo que seja objeto de ouro, não conserve nada. Isso é maldição para você; maldição para sua casa e sua família. (página 16).
>
> O espiritismo não é uma coisa qualquer como alguns pensaram. Em vez de viver no Espírito santo, de depender dele e ser conduzida por Ele, a pessoa acaba sendo conduzida por espíritos malignos. (...) *O espiritismo é como uma epidemia e como tal deve ser combatido: é um foco de morte.* O espiritismo precisa ser desterrado da nossa vida. Não é preciso ser cristão e ser espírita. (...) Limpe-se totalmente. (páginas 17-18).
>
> Esses "trabalhos" são verdadeiros sacrifícios. É só olhar o que se manda fazer: são "trabalhos" com pólvora, punhal, sangue, pinga... *Tudo indicando vício, morte e destruição.* Degolam galinha preta, bode, ovelha, amarram boca de sapo, pegam a roupa de fulano de tal, as peças intimas do rapaz ou da moça... (...) Esses "trabalhos" são feitos para os demônios: para agradá-los. (página 37).
>
> Há pessoas que já leram muitos livros do chamado "espiritismo de mesa branca", de um kardecista muito intelectual, que realmente fascina – as coisas do inimigo fascinam. Desfaça-se de tudo. *Queime tudo.* Não fique com nenhum desses livros... (página 43).

Interposto *habeas corpus* no TJBA foi denegada a ordem. Por sua vez, novo habeas corpus foi interposto desta feita em face do acórdão do TJBA no Superior Tribunal de Justiça, que não conheceu deste. Por fim, houve a interposição de recurso em *habeas corpus* no Supremo Tribunal Federal, que por maioria de votos, conheceu e deu provimento para trancar a ação penal.

Este foi o primeiro caso, pós 1988, em que se discutiram os limites do discurso religioso e a possível configuração dele como discurso de ódio.

No relatório do Ministro Edson Fachin, transcreveram-se os trechos do livro narrados na denúncia, acrescentando alguns outros trechos para apresentar o contexto da obra. As citações do livro foram:

> Não estou falando contra as pessoas espíritas, contra as pessoas que frequentam umbanda, candomblê, mas estou falando aos cristãos que são inocentes úteis: sem saber dos fatos, vão e fazem tudo isso, só para conseguir o que desejam e do jeito que desejam.
> Não estamos condenando os espíritas, mas o espiritismo. Estamos denunciando a obra covarde, suja, desleal, que o inimigo tem feito, enganando muita gente, retirando os filhos de Deus da salvação de Jesus, arrancando os filhos de Deus dos braços de Jesus e os jogando nas garras do lobo.
> Podemos dizer sem medo que, infelizmente, os espíritas são as primeiras vítimas deste embuste do demônio. Não estamos contra eles: estamos contra aquele que os enganou.
> (...)
> São filhos de Deus, são filhas de Deus! Ele os quer resgatar a todos, sem exceção.
> Não estamos condenando os espíritas nem seus entes queridos, que foram vítimas do espiritismo. Pelo contrário, estamos afirmando que Deus quer salvá-los.

No julgamento perante a primeira turma do STF, debateu-se a fundamentação constitucional da liberdade religiosa, sua amplitude, seus limites, e a possibilidade de enquadramento como discurso de ódio.

5.1.2 Particularidades do caso

Alguns acontecimentos são relevantes para melhor compreensão desse precedente. Dentre eles, o livro em questão, na época do julgamento, estava na sua 85ª edição, com mais de 400 mil exemplares vendidos, sendo publicado por uma editora católica. Atualmente o livro está na 103ª edição, publicada em 2015 e indicando na capa que foram vendidos mais de 450 mil exemplares.

O julgamento do caso contou com a ampliação do tema por meio de três pareceres solicitados pelo recorrente, escritos por professores e juristas consagrados no Brasil. O primeiro parecer foi escrito pelo professor André Ramos Tavares, o segundo, pelo professor René Ariel Dotti e o terceiro, pelo professor Ives Gandra da Silva Martins. Neles, o tema principal foi explorado pela ótica do direito penal e processual penal, do direito constitucional e dos direitos fundamentais.

5.1.3 Fundamentações dos ministros do STF

Participaram do julgamento os Ministros Edson Fachin (relator), Luís Roberto Barroso, Marco Aurélio, Luiz Fux e Rosa Weber. A votação foi por maioria, tendo voto vencido do Ministro Luiz Fux.

Em que pese o recurso em *habeas corpus* abranger também questões de direito penal e processual penal, aqui a análise será feita apenas em relação ao âmbito constitucional do direito fundamental ao discurso religioso.

Voto do Ministro Edson Fachin – Relator. O voto inicia enfrentando as questões processuais penais arguidas pelo recorrente. Afastou-se a alegação de inépcia e de prescrição. Quanto ao trancamento da ação penal, a fundamentação é eminentemente constitucional e será abordada no próximo parágrafo.

Introduz o debate constitucional afirmando (p.10) que um dos entraves sobre o tema é conciliar a construção de uma sociedade simultaneamente livre e tolerante, em um cenário permeado por dogmas intocáveis, inconciliáveis e sem fundamentação racional. Pontuou que uma sociedade formada por indivíduos despidos de maior alteridade agrava a situação. Salientou que, na prática, cada indivíduo crê que sua religião e sua crença é a mais adequada e correta, sendo intrínseca a hierarquização, pois se aquela determinada crença é a correta, pelo menos para o seu seguidor, as demais seriam inferiores. Destacou, que descabe ao Judiciário a função de censor ou árbitros do bom gosto, e finalizou a introdução com duas citações oportunas, a primeira, de Vitor Hugo, para quem "a tolerância é a melhor das religiões" e a segunda, de José Saramago, que anuncia que acredita no respeito por todas as crenças de todas as pessoas, entretanto, gostaria que as crenças dessas pessoas fossem capazes de respeitar as crenças de todas as pessoas. Sustenta que a liberdade religiosa tem proteção constitucional, sendo elemento fundante da ordem constitucional possuindo âmbito negativo de intervenção estatal, citando os incisos VI e VIII do artigo 5ª da Constituição Federal. Sustenta que o livre exercício de consciência, crença e culto são elementos da liberdade religiosa. Aduz, com fundamento em Canotilho e Moreira, que a liberdade religiosa engloba o proselitismo religioso, a liberdade de ter ou não ter uma religião, de escolher uma religião, de não ser prejudicado por posição ou atitude religiosa ou antirreligiosa. E citando Jonatas Machado e André Ramos Tavares, afirma que a liberdade religiosa abrange a crença e a conduta de acordo com aquela crença. Sustenta que, como qualquer direito fundamental, não há caráter absoluto à liberdade religiosa, devendo ser esta exercitada de acordo com a delimitação estabelecida na Constituição. Referindo-se ao princípio da convivência das liberdades públicas, afirma que nenhuma liberdade pública pode ser exercida de forma danosa a outras liberdades alheias e à ordem pública. Ressalta que a Constituição Federal, art. 4º, inciso VIII, repudia o racismo e ordena a criminalização desta prática, conforme artigo 5º, VLII. Tendo sido publicada a Lei de n. 7.716/1989, precisamente em seu artigo 20, para concretizar o mandamento constitucional e criminalizar quem "pratica, induz ou incita a discriminação ou preconceito de raça, cor, etnia, religião ou procedência nacional". Afirma que a questão diz respeito "à possível colisão entre as liberdades de expressão e religiosa e ao repúdio o racismo". Destaca que os limites de discursos religiosos não coincidem com os demais elementos normativos do tipo do artigo 20 da Lei de n. 7.716/89, raça, cor, etnia ou procedência nacional.

O Ministro Fachin fez considerações sobre o caráter universalista de algumas religiões, que, e por sua própria natureza, buscam converter o maior número possível de pessoas. Menciona o texto bíblico do livro de Marcos capítulo 16, e versículo 15 como um exemplo da diretriz proselitista do cristianismo. Relevante o fato de que o Ministro Relator apresentou um conceito de proselitismo religioso, que seria a ação de buscar converter pessoas para determinada fé religiosa. Na prática proselitista, às vezes é realizada comparação entre a crença tida por correta e as demais concepções religiosas. A utilização de argumentos de hierarquização entre religiões com a finalidade de demonstrar a superioridade de determinada crença é algo corriqueiro, para as religiões que possuem contornos de doutrinas de primeira ordem.

O conceito de doutrina de primeira ordem é retirado de André Ramos Tavares (2009), para quem

> Uma teoria de primeira ordem carreia em seu bojo a concepção de que é a única adequada, sendo as demais invalidadas ou equivocadas; esta rejeição é, invariavelmente, intrínseca, quer dizer, acaba assumindo uma conotação religiosa; em outras palavras, não é apenas afastar-se de outras religiões, mas sim um enxergar nelas conotações contra-religiosas.
>
> [...]
>
> ...é natural do discurso religioso praticado pelas Igrejas, em especial pelas instituições daquelas religiões de pretensão universalista, pregar o rechaço às demais religiões. Esta postura integra o núcleo central da própria liberdade de religião.

Realça que os "juízos de desigualação" e a comparação entre religiões configuram-se na essência de condutas afetas à liberdade religiosa, integrando o núcleo da liberdade religiosa, e, em consequência, protegida pela Constituição. A comparação, a diferenciação e os juízos de superioridade como essenciais à liberdade religiosa não configurariam, por conseguinte, discriminação ou preconceito.

Ponto central da fundamentação é a utilização de critério proposto por Norberto Bobbio, em sua obra "Elogio da Serenidade", para a configuração de um juízo discriminatório. O critério seria composto por três etapas, a primeira sendo um juízo cognitivo, a segunda um juízo valorativo e a terceira "um juízo em que se exterioriza a necessidade ou legitimidade de exploração, escravização ou eliminação do indivíduo ou grupo tido como inferior" (STF, p. 19). Somente a presença dos dois primeiros juízos não seriam suficientes para configurar discurso discriminatório e, portanto, ilícito e penalmente punível. Frisa que "o discurso proselitista associa-se ao dever de auxílio a adeptos de outras religiões, vista como equivocadas" (p. 20). Finaliza a exposição sobre o alicerce constitucional da liberdade religiosa, acentuando que, não tendo contornos de violência ou que atinjam diretamente a dignidade humana, o proselitismo religioso que faz comparações e juízos de superioridade está protegido pela liberdade religiosa.

Adentrando especificamente aos fatos do caso concreto enfatiza a função do recorrente, de sacerdote da Igreja Católica Apostólica Romana desde 1964, e sua dedicação à pregação da fé católica, com a publicação de obra teológica direcionada a seu público de fiéis católicos. Assim, a finalidade da obra seria de orientação a população católica, apresentando a incompatibilidade dessa fé com as expressões religiosas do espiritismo. Cita trechos específicos da obra em questão, nos quais o recorrente afirma expressamente que não se dirige contra as pessoas espíritas, mas, sim, contra as suas crenças.

Conclui o voto dizendo que os aspectos de desigualação, a afirmação de suposta superioridade da fé católica, não configura, por si só, o elemento típico do artigo 20 da Lei de n. 7.716/89. Sendo necessária a presença de "especial fim de supressão ou redução da dignidade do diferente, elemento que confere sentido à discriminação que atua como verbo do núcleo do tipo" (p. 24). Menciona que, em que pese os dizeres do recorrente na obra citada serem preconceituosos, intolerantes, pedantes e prepotentes, não houve extrapolação da liberdade religiosa. Finalizando o voto pelo provimento do recurso, ante a atipicidade da conduta, para fim de determinar o trancamento da ação penal.

Os demais votos são de menor extensão, e, como a maioria dos Ministros que compunham a Primeira Turma do STF, à época, acompanharam o Relator, seus votos foram bem menores e com fundamentação sucinta. Esta é a razão para a explanação mais demorada do voto do Ministro Relator Edson Fachin.

Voto da Ministra Rosa Weber. A Ministra acompanhou o voto do relator, fazendo apenas algumas poucas considerações sobre o tema. Considerou que vivemos numa sociedade plural, em um Estado Democrático de Direito, que tem a liberdade de expressão como valor maior da Constituição. Afirmou que, apesar de considerar intolerantes as expressões transcritas no livro do recorrente, exerceria sua tolerância para com a intolerância, e que as expressões que motivaram a denúncia, embora intolerantes, não se enquadrariam no tipo penal, sendo o direito penal o direito mínimo. Concluindo pela atipicidade da conduta e votando pelo trancamento da ação penal.

Voto do Ministro Luiz Fux. Iniciou o voto expressando que estaria numa "zona bem fronteiriça de dúvida paradoxalmente expressiva", pois a liberdade religiosa não seria um valor absoluto e teria como elemento o respeito pela religião alheia e a tolerância. Discorreu que as pessoas que professam a fé que foi criticada na obra do recorrente entendem pela correção e integridade daquilo que professam e que a afirmação de que essas pessoas estariam possuídas pelo demônio não seria uma afirmação tolerante. Mencionou o caput do artigo 20 da Lei de n. 7.716/89, que tem como núcleo o *"incitar ou discriminar"* o preconceito da religião. Expressou que, para fins de trancamento da ação penal, não estaria naquela oportunidade preparado para esse fim, necessitando refletir mais adiante sobre o tema, inclusive fazendo a leitura da obra completa do recorrente. Concluiu o voto não acolhendo o recurso.

O quarto Voto foi o do Ministro Marco Aurélio, que abriu sua manifestação afirmando que "estava pronto para propor o implemento de liminar para suspender o processo-crime, imaginando que haveria pedido de vista por parte do ministro Luiz Fux". Exprimiu que a época não é de obscurantismo, mas sim de veiculação de ideias. Destacou ser lição havida na Faculdade de Direito que os círculos representados pela moral e pela religião são mais amplos do que o do direito, que seria mais restrito. Acrescentando que a responsabilidade penal é estrita, tendo maior abrangência a responsabilização administrativa e civil. Explanou que o recorrente professou na obra em questão a sua fé católica, rechaçando nela o espiritismo. Chamou a atenção para que a interpretação do artigo 20 da Lei de n. 7.716/89 deva ser feita à luz do texto constitucional, em especial do artigo 5ª, incisos IV e VI da Constituição Federal. Transcreveu trecho do livro em que o recorrente afirmou: "O pai de santo pode ser muito bom, seus auxiliares também; são um povo caridoso, humilde, não nego". Pontuou que o recorrente apenas teria escrito no livro que não haveria compatibilidade entre o catolicismo e o espiritismo, devendo os fiéis daquela se afastaram dessa. Concluiu o voto declarando que a manifestação da tolerância envolve tolerar aquilo de que discordamos, e que, como havia feito no caso Ellwanger, dava provimento ao recurso para trancar a ação penal.

Após o voto do Ministro Marco Aurelio, o Ministro Luiz Fux e a Ministra Rosa Weber fizeram considerações sobre a tolerância. O primeiro afirmou que:

> eu encaro a questão da tolerância como a possibilidade de coexistência de todas as religiões sem discriminação, não a tolerância de ideias contrárias à religião alheia, sem o mínimo de comedimento no uso da linguagem. No meu modo de ver, a tolerância não é essa mão dupla, *data vênia*.

A ministra Rosa Weber ressaltou a delicadeza da questão em discussão e lembrou o caso do atentado ao Charlie Hebdo. Ao que o Ministro Fux afirmou que na época dos atentados ao Charlie Hebdo houve crítica expressiva ao ato terrorista, não o admitindo como resposta a uma caricatura de uma crença religiosa.

O último voto proferido é do Ministro Luís Roberto Barroso, que era o presidente da primeira turma à época. Iniciou que a palavra lembrada por todos os ministros é a tolerância, fazendo citação de Gandhi, que afirmou que a tolerância é a lei de ouro do comportamento. Destacou o ministro que tolerância não significa aceitar aquilo que é tolerado. Seria o segredo da vida a aceitação de uma certa completude da vida, de ver o outro, o que pensa diferente, como nossa complementação. Embora tenha afirmado que as expressões utilizadas pelo recorrente no livro são manifestações de inaceitação do outro, destaca que a liberdade de expressão existe para proteger quem pensa diferente de "mim", e não para proteger quem pensa de forma igual. A liberdade de expressão protegeria expressões intolerantes, pedantes ou prepotentes. O limite único à liberdade de expressão está no discurso de ódio, em manifestações de ódio, sobretudo, dirigidas contra grupos vulneráveis (que seriam negros e homossexuais). Declarou que no caso *Ellwanger* os judeus foram corretamente tratados como um grupo vulnerável. Mas, no caso dos Espíritas, não seria possível enquadrá-los como grupo historicamente vulnerável, e, portanto, não se admitiria a limitação à liberdade de expressão, pois a exceção do *hate speech* não se aplicaria. Acompanhou o relator, para dar provimento ao recurso e trancar a ação penal.

5.2 O caso do *RHC*146.303/RJ

5.2.1 Apresentação do caso

O Ministério Público do Estado do Rio de Janeiro ofereceu denúncia em face de A. H.A. L. e de T. H. L., com base no artigo 20, parágrafo segundo da Lei de n. 7.716/1989, em 19.06.2009. A denúncia foi recebida e, em 20.06.2012, ambos foram condenados pelo Juízo da vigésima vara criminal da cidade do Rio de Janeiro/RJ.

Narrou-se na denúncia que os denunciados pertenciam a uma Igreja Pentecostal, localizada no bairro de Santo Cristo, na cidade do Rio de Janeiro/RJ. O primeiro denunciado seria membro da igreja que teria o segundo denunciado como seu Pastor. Aquele teria publicado vídeo no YouTube, em abril de 2009, afirmando ter destruído imagens religiosas que se encontravam em Centro Espírita, no dia 02.06.2008. Além de ter discriminado os seguidores de outras religiões, denominando-os de seguidores do diabo, adoradores do demônio, associou ainda, de forma pejorativa, que os pais de santo seriam homossexuais, visando menosprezá-los com tal alegação.

O segundo denunciado, T.H.L., teria, reiteradamente, praticado incitação à discriminação religiosa, inclusive por meios de comunicação, por meio de um blog, onde pregou "o fim das Igrejas Assembleias de Deus", e praticado intolerância religiosa contra judeus.

Apesar de ambos terem sido condenados, apenas o segundo denunciado recorreu até o Supremo Tribunal Federal, motivo pelo qual a análise se limitará aos fatos e acusações feitas apenas em relação e ele, T.H.L., não abrangendo as denúncias e fatos delitivos praticados por A.H.A.L..

Interposto recurso de apelação ao TJRJ, deu-se parcial provimento, apenas para adequar o montante referente às penas de multa, mantendo a condenação. Interposto *habeas corpus* ao STJ, não houve o conhecimento do *writ,* tendo sido manejado recurso ordinário em *habeas corpus* para o Supremo Tribunal Federal, que o conheceu, mas negou provimento.

O relator do caso no STF também foi o Ministro Edson Fachin, embora perante a Segunda Turma. O redator do acórdão foi o Ministro Dias Toffoli, uma vez que o relator foi voto vencido e o redator abriu a divergência.

Em seu relatório consignou o Ministro Edson Fachin que "a sentença condenatória reproduz os seguintes trechos atribuídos ao paciente e que traduziriam ofensa à grupo religioso" (STF, RHC 146303/RJ, página 23 do inteiro teor):

> O laudo de exame audiográfico de fls. 287/293 relata o conteúdo de um vídeo no qual o acusado T.H.L, exibe os livros "guia das ciências ocultas", "Wicca", "Feitiçaria Antiga", "Dogma" e "Ritual de Alta Magia" e "São Cipriano, o Bruxo", afirmando que: (1) irão para o lixo e que não os ragaria para não sujar o estúdio. (2) aduz que seu ministério é superior às religiões pagãs onde pessoas sofrem, padecem, são estupradas, violentadas, vivem em medo, em angústia, em aflição. (3) Acrescenta que satanismo não é religião, que lugares onde as pessoas são destruídas e marionetadas a seguir caminhos de podridão, não são religião. (4) Afirma ainda que o conteúdo dos referidos livros ensina enganos, a roubar, a furtar, a dominar o sentimento dos outros. (5) Diz, por fim, se tratar de pilantragem e hipocrisia, e que é uma religião assassina como o Islamismo.
>
> (...)
>
> Na notícia crime que deu origem a instauração do inquérito policial nº218-00399/2009, foi trancrito texto extraído do blog www.ogritodameianoite.spaces.live.com, no qual o acusado T.H.L., se refere à outra religião como "prostituta espiritual" e à Igreja Católica como "prostituta católica".
>
> O mesmo texto consta da impressão acostada às fls. 3 dos autos e extraído do site http://geraçãojesuscristo.spaces.live.com/blog, sob o título "UNIVERSAL E GRAÇA (LIDERANÇAS ASSASSINAS)".
>
> No mesmo site da Igreja Geração Jesus Cristo, o acusado T.H.L., se apresenta em texto intitulado: "A trajetória de um Restaurador – um Homem Comum com objetivos incomuns", no qual narra que "quando da gravidez da minha mãe, e após estar marcado o dia do parto, no terreiro de macumba foi dada pelo demônio uma fita vermelha, isto com o objetivo de que, na hora do parto, esta fosse amarrada na barriga da minha mãe. Não sei se a intenção de Satanás era matar-me ou aliar-me, mas a questão é que a fita foi esquecida em casa, e assim eu não nasci debaixo daquela maldição e influência satânica.
>
> Examinados os trechos acima destacados, conclui-se ter restado demonstrada a existência material do delito.
>
> As afirmações em análise, proferidas em vídeos veiculados ou escritas em textos publicados na internet, determinam que outras crenças diversas da Igreja (que os acusados pertencem) não podem ser consideradas religião.

> Neste sentido é clara a discriminação. E o preconceito se faz presente na alegação de que seus seguidores "sofrem" e "padecem", inclusive "estuprados" e "violentados", sendo "destruídos" e marionetados a seguir caminhos de podridão", bem como alguns livros ensinariam a "roubar" e a "furtar". Nota-se que não se trata de liberdade de expressão ou de livre manifestação religiosa, eis que não se restringem seus autores a propagar sua crença, mas sim atacam as demais (Católica, Protestante, Espírita, Islâmica, Wicca), exorbitando o direito de crítica, por exemplo, em referencias como "religião assassina", "líderes assassinos", "prostituta católica", "prostituta espiritual" e "pilantragem". Vinculam de forma pejorativa tais religiões à adoração ao Diabo, Demônio ou Satanás, uma vez que o termo satanismo foi utilizado pelas religiões abraâmicas para designar práticas religiosas que consideravam estar em oposição direta do Deus de Abraão (fls. 44/55). (STF, RHC 146303/RJ, página 24/25 do inteiro teor).

Faz-se longa citação, pois é necessário situar o leitor no contexto dos fatos, apresentando os discursos escritos e falados classificados como discurso de ódio, e enquadrados no artigo 20 da Lei de n. 7.716/1989.

A Segunda Turma do STF, por maioria, negou provimento ao recurso ordinário em *habeas corpus*, vencido o Ministro Edson Fachin que votou pelo provimento parcial ao recurso, para determinar o trancamento da ação penal.

5.2.2 Particularidades do caso

Esse segundo caso tem muitas particularidades que são relevantes para a compreensão do porquê os discursos foram enquadrados como de ódio, ou seja, como discriminatórios e preconceituosos. A primeira é que houve interrogatório e, nesse ato processual, o acusado T.H.L. buscou explicar o contexto de suas falas e realçar o sentido figurado de algumas expressões e a hipérbole de outras. O segundo fato é que houve a decretação da prisão dos acusados, tendo sido posteriormente revogada por ordem do TJRJ em sede de julgamento de *habeas corpus*. Houve a instauração de incidente de sanidade mental do acusado A.H.A.L., tendo este se recusado a se submeter a exames. Esse último acusado ainda teria sido condenado no JECRIM sobre a prática de invasão e depredação a um Centro Espírita, no bairro do Catete, Rio de Janeiro/RJ.

5.2.3 Fundamentações dos ministros do STF

Esse caso foi julgado pela Segunda Turma do STF, composta, à época, pelos Ministros Edson Fachin, Celso de Mello, Ricardo Lewandowski, Gilmar Mendes e Dias Toffoli. Por maioria, vencido o ministro Edson Fachin, negou-se provimento ao recurso ordinário em *habeas corpus*. Apesar de o recorrente ter arguido questões processuais penais, a análise e exposição se restringe apenas à discussão constitucional sobre o tema.

Nesse caso também o Relator foi o Ministro Edson Fachin. Basicamente, a fundamentação apresentada pelo Ministro constituiu-se em grande parte da fundamentação utilizada no caso do R*HC* 134.682/BA, portanto, será destacado apenas os acréscimos e as peculiaridades do caso T.H.L. Acresceu na fundamentação a proteção à liberdade religiosa prevista na Convenção Americana de Direitos Humanos em seu artigo 12 e a referência ao precedente firmado no R*HC*134.682/BA, julgado pela Primeira Turma. Sobre o caso concreto, pontuou que o recorrente é líder religioso, e suas falas devem ser interpretadas dentro do contexto da liberdade religiosa, que teria características próprias que lhe distinguiriam da liberdade de expressão. Inquestionável que as falas e escritos objetos da denúncia foram proferidas no embate entre convicções religiosas. Porém não há "conduta direcionada à escravização, exploração ou eliminação violenta das pessoas adeptas a crença diversa". Além disso, o discurso teria sido proferido contra várias religiões (católica, judaica, espírita, satânica, wicca, islâmica, umbandista e até contra outras denominações da religião evangélica). E muitas dessas não se enquadram no conceito de grupos minoritários. Salientou que a explicitação de aspectos de desigualação, bem como a afirmação de superioridade de uma religião e de inferioridade das demais, não seriam suficientes para incidência do tipo penal. Enfatiza que é "indispensável que se verifique o especial fim de violenta supressão ou redução da dignidade do diferente". Quanto ao fato de que o recorrente afirmara que alguns livros sobre determinadas religiões "irão para o lixo e que não os rasgaria para não sujar o estúdio", apesar de intolerante, não configuraria o elemento típico do artigo 20 da Lei de n. 7.716/89, mas que eventual desrespeito a objeto de culto alheio, em tese, poderia configurar a infração penal prevista no artigo 208 do Código Penal. Finalizou dando parcial provimento ao recurso para determinar o trancamento da ação penal.

O segundo a votar foi o Ministro Dias Toffoli, que abriu a divergência e, por essa razão, foi o redator da ementa do acórdão. Introduziu, de forma oral, indicando que historicamente o Brasil é um país de tolerância religiosa e que o poder judiciário é meio de pacificação social. Anotou que não se pode tolerar a intolerância e que o Estado deve proceder com a pacificação da sociedade. No voto escrito, o ministro Dias Toffoli apresentou fundamentação mais ampla para negar provimento ao recurso. Esclareceu que a constituição federal garante a liberdade religiosa, que possui diversos elementos, tais como a liberdade de consciência religiosa, de culto, de associação religiosa e de comunicação das ideias religiosas, sendo esta última realizada em âmbito privado ou público. Demonstrou que a liberdade religiosa pressupõe a existência de autonomia para professar e exprimir uma religião, um credo ou a ausência dele e que há uma unidade entre crença e conduta, garantindo a autodeterminação existencial a partir da crença. A tolerância religiosa seria parte indissociável do Estado Democrático de Direito e seria limite intrínseco de limitação da liberdade religiosa. O Ministro apresentou importante distinção entre o que seria discurso religioso e o que seria discurso sobre a crença alheia. No primeiro, o discurso seria centrado na própria crença e nas razões de crença; o segundo, por sua vez, seria o discurso direcionado à crença alheia, com intenção de atingi-la, rebaixá-la, ou desmerecê-la ou a seus seguidores. Elucidou que aquele seria protegido pela Constituição Federal brasileira, mas este não seria protegido, mas constituiria um ataque à liberdade religiosa. Defendeu que a liberdade de crença e de culto pode ser compreendida em um aspecto positivo, que seria a liberdade de expressão e conduta religiosa e num sentido negativo, que seria a tolerância religiosa. Aludiu que a forma correta de o Estado coibir abusos da liberdade religiosa seria o direito penal, dada a relevância desta para o Estado Democrático de Direito. Entendeu que o direito à liberdade de crença não admitiria o proselitismo que desqualifica a crença alheia, sendo, portanto, este o seu limite. Lembrou que no Brasil tem-se episódios tristes de dizimação de culturas indígenas pela catequese promovida por jesuítas e salesianos.

Assim, no caso concreto, o recorrente teria extrapolado seu direito à liberdade religiosa e ao discurso religioso. Negou provimento ao recurso.

O terceiro voto foi proferido pelo Ministro Ricardo Lewandowski, que iniciou confessando estar impressionado com o que consta na sentença, na qual as condutas do recorrente foram elencadas, e, dentre elas, as declarações de "outra religião como prostituta espiritual e a Igreja Católica como prostituta católica". Afirmou que as declarações do recorrente alimentam o ódio, e que as suas condutas iriam de encontro ao disposto no preâmbulo da Constituição Federal, ou seja, indo contra a paz social, contra a fraternidade que os constituintes procuraram construir. Explicou que o artigo 3ª da Constituição Federal estabelece os objetivos fundamentais da República Federativa do Brasil, que seriam a construção de uma sociedade livre, justa e solidária. Dessa forma, a conduta do recorrente violara a solidariedade, prevista no artigo mencionado. Acompanhando a divergência, e negou provimento ao recurso.

O Ministro Gilmar Mendes proferiu o quarto voto negando provimento ao recurso. Em seu voto oral expôs que o caso *Ellwanger* ainda é o *leading case* sobre a liberdade e a discriminação de índole cultural e religiosa. Asseverou que o texto constitucional prevê hipóteses de limitação à liberdade de expressão, no artigo 220, §1º da Constituição. Destacou que no Brasil há uma importante convivência pacífica entre diversas religiões, com atuações sociais relevantes. No voto escrito explicou que a liberdade religiosa não ostenta caráter absoluto e tem duas acepções na doutrina, que seriam: a negativa, "consistente na impossibilidade de o poder público interferir ou privilegiar determinada vertente religiosa em detrimento das demais", e a positiva, na qual deve o Estado garantir aos cidadãos o direito de conservar suas religiões ou crenças, de mudar de religião ou de crença, sem sofrer perseguições. Citou precedente de sua relatoria na Suspensão de Tutela Antecipada - STA 389/2009, na qual defendeu que a neutralidade axiológica do Estado frente às religiões e crenças dos cidadãos não se confunde com indiferença. Assim, não seria inconstitucional a relação entre Estado e confissões religiosas, tendo em vista os benefícios sociais que elas são capazes de gerar. O que não seria possível é a tomada de posição pelo Estado de um credo religioso. Asseverou que tanto a Declaração Universal dos Direitos do Homem de 1948, como o Pacto Internacional sobre Direitos Civis e Políticos de 1966 e a Convenção Americana de Direitos Humanos garantem a liberdade religiosa e delimitam seus limites. Além do que, a declaração sobre a eliminação de todas as formas de intolerância e discriminação baseadas na religião ou convicção, da ONU, de 1981, também consagra o direito humano à liberdade religiosa. Em relação ao caso concreto, esclareceu que estaria diante de uma linha tênue em que a liberdade religiosa deveria ceder espaço à liberdade e inviolabilidade de crença alheia, "respeitando-se as diferenças sem escarnecer ou vilipendiar objeto de culto religioso de outrem". O discurso religioso deve ser realizado sem que atinja de maneira vil as convicções alheias. Votando pelo desprovimento do recurso e acompanhou a divergência do Min. Dias Toffoli.

O último voto foi prolatado pelo Ministro Celso de Mello que abre a fundamentação, registrando que democracias não convivem com práticas de intolerância ou com comportamentos de ódio, pois, entre seus fundamentos, estão o pluralismo de ideias e a diversidade de visões de mundo. A intolerância violaria os valores basilares, como a dignidade da pessoa humana, artigo 1º, III e V da CF, que estruturam o Estado Democrático de Direito. A Constituição teria vetado absolutamente qualquer discriminação atentatória aos direitos e liberdades fundamentais, art. 5º, XLI, CF, preservando e consolidando a sociedade política plural e aberta. Destacou que, tanto a liberdade de expressão como a liberdade religiosa, seriam pressupostos necessários aos regimes democráticos e que o Estado não poderia prescrever o que seria ortodoxo em política ou em outras questões filosóficas, ideológicas ou confessionais. Após destacar a relevância da liberdade de expressão mesmo quando se defende ideias não acolhidas pela maioria, afirmou-se que o respeito ao pluralismo e à tolerância são essenciais ao Estado Democrático de Direito. Eleva a tolerância como valor incomparável se valendo do conceito extraído da "Declaração de princípios sobre a tolerância", aprovada em 1995, pela Conferência Geral da Unesco, destacando que a tolerância não significa renúncia às próprias convicções, mas sim atitude de aceitação e respeito pela diversidade das pessoas e pela multiculturalidade dos povos. Para o Ministro o direito de dissentir constituiu efeito da liberdade de pensamento, porém encontra sua limitação quando lesionar valores e bens jurídicos de tutela constitucional, "como sucede com o direito de terceiros à incolumidade de seu patrimônio moral". Assevera que a incitação ao ódio público não está protegida pela liberdade de expressão. O artigo 13, parágrafo quinto da Convenção Americana de Direitos Humanos, que expressamente exclui algumas condutas do âmbito de proteção da liberdade de manifestação do pensamento. Transcreve trecho de voto de sua lavra na ADPF 187/DF (marcha da maconha) no qual aludiu à vedação ao Estado da proibição do dissenso e do "necessário respeito ao discurso antagônico no contexto da sociedade civil". Salienta que o direito ao dissenso não pode resvalar no direito penal, nas figuras dos delitos contra a honra. Aponta que a liberdade de expressão garante, para além do direito daqueles que pensam "como nós", o direito dos "que sustentam ideais que odiamos, abominamos e, até mesmo, repudiamos". Adverte que a incitação ao ódio público contra outras religiões não está abrangida pela liberdade de expressão, principalmente quando o discurso se destaca como ofensas, insultos, e estímulo a intolerância e ao ódio público. Apresenta, como critérios para a limitação da liberdade de expressão, a integridade social, a coexistência harmoniosa das liberdades, e como, critério máximo, a ordem pública. Salienta que a Suprema Corte Americana tem julgados no sentido de reconhecer a constitucionalidade da limitação à liberdade de expressão, em precedentes, nos quais adotou-se o critério da "*preferred position*" e o da "*clear and presente danger*". Analisando o caso concreto, aludiu que os discursos do recorrente não estão tutelados pela liberdade religiosa, pois configurariam disseminações criminosas de ódio público contra outras pessoas em razão da sua fé religiosa. Concluindo que o recorrente abusou do exercício da liberdade de expressão. Afirma que os postulados da igualdade e da dignidade dos seres humanos constituem limites à liberdade de expressão. Finaliza o voto declarando o alto valor emblemático do caso, pois envolto no debate entre civilização e barbárie, ressaltando que cabe ao STF prevalecer a dignidade da pessoa humana, acima da "insensibilidade", das "distorções ideológicas", das "pulsões irracionais", das "degradações torpe de valores", da "estupidez humana", da "insensibilidade moral". Acompanhando a divergência negou provimento ao recurso.

6.
O PARÂMETRO DECISÓRIO DO STF E O CRITÉRIO PROPOSTO POR NORBERTO BOBBIO

6.1 A dogmática jurídica e o exercício da crítica acadêmica como contribuição para a ciência do direito

O exercício da dogmática jurídica enfrenta alguns desafios. A um, a crítica acadêmica nem sempre é bem-feita ou bem recebida, por vezes misturando a crítica à ideia com a crítica ao autor da ideia e, ainda quando a crítica é feita de forma correta a determinada ideia, o autor da ideia criticada a recebe como uma crítica pessoal. O diálogo acadêmico que, deveria ser construído por meio de críticas bem-feitas, robustas e construtivas, é obstruído pela ausência de comunicação entre os acadêmicos ou por críticas pessoais, *ad hominem*, que empobrecem ou quase extinguem o debate. A dois, a doutrina jurídica se limita a fazer comentários descritivos sobre como decidiu o juiz ou tribunal em determinado caso, como uma espécie de glosadores. Humberto Ávila (2012, p. 229) fez pertinente crítica à assunção, pela doutrina, de uma atuação simplificada,

> Em vez de criar modelos para permitir a interpretação e a aplicação do Direito, ou mesmo explicar a sua natureza, a doutrina passa a atribuir o poder de realização do Direito ao Poder Judiciário por meio da ponderação diante do caso concreto. A doutrina, apostando no ideal de ponderação, passou a explicar tudo, sem orientar nada.

A três, criou-se um estereótipo de que a dogmática é sinônimo de formalismo, frieza, insensibilidade, elitismo e outros adjetivos colocados de forma pejorativa. Como se fazer dogmática jurídica fosse algo errado, ou como se para aplicar o direito ao caso concreto não se precisasse conhecer e trabalhar com os textos legais, decisões judiciais e outros documentos legais. É possível fazer uma dogmática de maneira crítica e aberta, como também é possível ter os demais enfoques como dogmas. Haveria, assim, supostamente, um antagonismo entre o enfoque dogmático e os demais enfoques possíveis no direito, a dogmática versus a sociologia, por exemplo. Entretanto, não há *versus*. "Entender dogmática e crítica como correntes ideológicas, e mais ainda, adversárias, é tolice" (ADEODATO, 1995, p.45). Os enfoques são instrumentos, cada um com uma finalidade própria, e podem ser usados conjuntamente, como bem pontuou Stamford,

> Ser crítico não se confunde com ser pejorativo, com necessariamente VERSUS dogmáticos. VERSUS só para dogmáticos e sociólogos puristas. Há puristas em toda parte, inclusive MITdisciplinares. Não negamos a distinção dogmática e sociologia do direito, apenas, o VERSUS. (2018, p. 1-2). Não se trata de negar diferença entre dogmática e sociologia do direito, apenas lanço ao debate o quanto essa diferenciação é possível por causa de objeto e método ou mesmo pela dicotomia internalismo/externalismo, como parece ser quando se quer distinguir sociologia jurídica de sociologia do direito. (2018a, p.1-2)

Tenha-se claro que a dogmática é uma das formas existentes de pesquisar o direito. Não é nem a melhor e nem a pior, pois esse tipo de juízo de valor não é possível de ser feito. A dogmática tem uma finalidade, características e métodos próprios. Compreender cada um dos enfoques é essencial para evitar uma miscelânia, não intencional, de metodologias e maneiras de pesquisas, que levarão a conclusões equivocadas sobre o objeto de pesquisa. Sobre o papel de cada enfoque, Stamford, citando a lição de Cláudio Souto e Solange Souto, afirmou que

> ... a sociologia do direito pesquisa o direito em sua relação com a realidade social, enquanto a dogmática jurídica (ciência formal do direito) trata dos aspectos lógico-normativos, está voltada à interpretação e aplicação das normas, já a filosofia do direito trata de explicar o fenômeno jurídico, ela deve se "apoiar nos dados fornecidos pela sociologia do direito e pela dogmática jurídica, como base inicial de propulsão para se voo transcendente". (2018b, p.1-2)

Nesse contexto, a dogmática jurídica deve ser um instrumento de realização da boa crítica acadêmica, que intenta contribuir para o debate e desenvolver a ciência do direito, "orientando a realização do Direito mediante o emprego de modelos hermenêuticos operacionais realistas e não meramente idealistas ou simplistas" (ÁVILA, 2012, p. 243). Neste livro buscou-se analisar de forma dogmática e crítica duas decisões do STF, respeitando a Corte, seus Ministros e as partes que participaram dos processos, partindo-se do pressuposto de que a boa crítica não afasta ou não é incompatível com a cordialidade e o respeito. A crítica pode ser dura e veemente sem ser ofensiva.

Mas, o que caracterizaria o direito dogmático? Para Adeodato (1995, p. 45) seria "um direito legalmente organizado que toma por base a pretensão, por parte do Estado, de monopólio na produção e legitimação das normas jurídicas, dentro de determinada circunscrição territorial". Para o autor (1995, p. 44), o direito dogmático tem dois requisitos principais, que seriam: a obrigatoriedade de argumentar fundado em norma pré-existente e pertencente ao sistema ou ordenamento jurídico; e a obrigatoriedade de decidir, a proibição do *non liquet*.

O estudo dogmático é relevante e justifica-se pelas suas funções, que para Robert Alexy (2005, p. 253) são seis: *(i)* função de estabilização, *(ii)* função de desenvolvimento, *(iii)* função de redução do encargo, *(iv)* função técnica, *(v)* função de controle e *(vi)* função heurística. A dogmática jurídica busca realizar uma análise lógica dos conceitos jurídicos, uma unificação dessa análise num sistema e a aplicação dos resultados desta análise para justificar decisões judiciais (ALEXY, 2005, p.243), subsidiando não apenas o mundo jurídico, mas principalmente a sociedade, servindo de norte para a prática da boa convivência das religiões numa sociedade complexa como a atual. Tércio Sampaio Ferraz Jr., (2015, p. 119) apresenta quatro funções para a dogmática, que seriam: a de previsão, "criar condições para que se possa passar do registro de certos fatos relevantes para outros fatos eventualmente relevantes, mas para os quais não há registro"; a heurística, "possibilitar a descoberta de algo relevante, criar condições para orientar nossas expectativas do que pode ou não deve ser relevante"; organizatória, "criar condições para a classificação, tipificação e sistematização dos fatos relevantes; e por fim, a avaliativa, "propiciar o encontro de indicadores para uma compreensão parcial ou total das relações investigadas".

Uma distinção relevante e com grande impacto prático é entre dogmática constitucional e teoria constitucional. Lucas Catib de Laurentiis afirma que o trabalho dogmático tem função principal de estabilização de práticas e expectativas, "desonerando o aplicador do direito da necessidade diária de rever conceitos e argumentos já discutidos", (2015, p. 29). A tarefa da dogmática jurídica é realizada por duas operações: a primeira seria a identificação de padrões e a segunda é a sistematização de tais padrões de aplicação. Na primeira operação, "com base no texto legal e na catalogação de decisões, a dogmática busca construir conceitos gerais e identificar linhas decisórias convergentes. Ela é a via para a pacificação social" (p.29), tendo em vista que diminui as variações jurisprudenciais. Por sua vez, na segunda operação, a sistematização dos padrões de aplicação, o exercício dogmático

> seleciona e condensa padrões decisórios em conceitos e procura, tanto quanto possível, encontrar uma coerência interna entre esses elementos. O sistema criado pela dogmática não é, contudo, um sistema completamente harmônico e estático. Ele está aberto a novas atualizações e alterações, na medida em que essas modificações de parâmetros e perspectivas sejam exigidas na prática. (LAURENTIIS, 2015, p.30)

Quanto à sistematização, é relevante pontuar que, para Laurentiis (2015, p. 30), a sistematização operada pela dogmática constitucional é bastante diferente da sistematização feita pela teoria constitucional. Em relação a esta última, afirma que

> Comprometida somente com a coerência argumentativa, não com a preservação e o reconhecimento da autoridade investida de competência decisória, os sistemas teóricos se importam somente com a identificação e a descrição da melhor coerência argumentativa possível. Diversa, a sistemática construída pelo trabalho dogmático está diretamente vinculada à decisão da instância democraticamente eleita para criar o direito. Para ela, portanto, o dilema da resposta jurídica correta simplesmente não existe. Respostas possíveis, aplicáveis e, por isso, dogmaticamente aceitas, são encontradas na

> decisão positivada da autoridade. Outras soluções são teoricamente possíveis e a interpretação dogmática pode reconhecer tais possibilidades interpretativas, mas sua vinculação ao direito positivado a impede de buscar outras soluções. (LAURENTIS, 2015, P. 30).

Mais uma vez, a diferenciação apontada não é mero preciosismo. Pelo contrário, a boa compreensão sobre o que faz a teoria constitucional e o que faz a dogmática constitucional, impede a elaboração de pesquisas que confundem as perspectivas de *lege lata* e de *lege ferenda*. Evitando a adoção de teorias constitucionais que nada têm a ver com a Constituição Federal brasileira, argumentando, com base em padrões teóricos oriundos de outras experiências constitucionais, como se estivesse lidando com a Constituição brasileira. É como se se fizesse uma desconsideração do texto constitucional, uma flexibilização ou uma leitura moderna, para extrair do texto constitucional conclusões que ele não diz ou até mesmo que lhe vão de encontro. Quando a dogmática constitucional é suplantada pela teoria constitucional

> a decisão das instancias democraticamente eleitas para configurar o direito positivo foi substituída pela pura lógica acadêmica. Enfim, se a eliminação das diferenças dogmáticas e a homogeneização das funções características e específicas dos instrumentos jurídicos são acompanhadas de um distanciamento dos limites textuais dos parâmetros constitucionais, o ato de interpretação tende a ser converter em criação constitucional. (LAURENTIS, 2015, P. 33).

A não distinção entre teoria constitucional e dogmática constitucional leva, em relação ao debate sobre os limites à liberdade de expressão religiosa e ao discurso de ódio, a defesa de posições teóricas adotadas em outros países, tais como a Alemanha e os Estados Unidos da América, tidos como modelos antagônicos sobre essas questões. A partir daí se tenta aplicar um desses modelos aos casos concretos brasileiros, o que dificulta tanto a boa interpretação do texto constitucional brasileiro, como a criação de um modelo próprio e adequado às características sociais, culturais, religiosas, jurídicas e políticas brasileiras. Por exemplo, é curioso que no Brasil, a publicação do livro "Minha Luta", de Hitler, foi proibida por determinação judicial[8], e, na Alemanha, o livro foi recentemente publicado em edição especial[9], com 3500 notas históricas explicativas, que buscam evitar uma interpretação que defenda a propaganda nazista. Estaria o Brasil mais empenhado em combater o nazismo que a própria Alemanha? É evidente que não. O que demonstra a necessidade de amadurecimento jurídico, filosófico e social, no Brasil, sobre a liberdade.

6.2 Tolerância e discriminação em Norberto Bobbio

6.2.1 Norberto Bobbio – humildade, moderação e autocrítica.

Norberto Bobbio nasceu em 1909 e morreu em 2004, vivendo as duas grandes guerras mundiais, a guerra fria, o nascimento e derrocada de regimes totalitários e autoritários, como o fascismo na Itália, viveu a revolução cultural de 1968 e diversos outros grandes e problemáticos momentos no longo e extremo século XX (TOSI, 2016, p.19). Estudou na faculdade de direito da Universidade de Turim, defendendo em 1931 uma tese sobre *a filosofia do direito e ciência do direito*. Dois anos depois, em 1933, ao defender uma tese sobre Husserl e a fenomenologia, obteve outra láurea em filosofia teorética (TOSI, 2016, p. 19). Em 1939 assume a cátedra da Universidade de Siena, transferindo-se para a Universidade de Pádua em 1941, onde ficou até 1948, quando assumiu a cátedra na faculdade de direito da Universidade de Turim, permanecendo até 1972. Assumiu nesse mesmo ano a cátedra de filosofia política na recém-criada Faculdade de Ciências Políticas de Turim, onde se aposentou aos setenta anos de idade, em 1979 (TOSI, 2016, p. 18-23).

[8] Justiça do Rio proíbe livrarias de venderem livro Minha Luta, de Adolf Hitler. *https://www.conjur.com.br/2016-fev-03/justica-rio-proibe-livrarias-vender-livro-adolf-hitler*. Acesso em 20.09.2021. Justiça do Rio proíbe plataforma de anunciar, expor e vender o livro 'Mein Kampf', de Adolf Hitler. *https://g1.globo.com/rj/rio-de-janeiro/noticia/2021/09/17/justica-do-rio-proibe-plataforma-de-anunciar-expor-e-vender-o-livro-mein-kampf-de-adolf-hitler.ghtml*. Acesso em 20.09.2021

[9] Reedição de 'Minha Luta', de Hitler, é sucesso na Alemanha. https://veja.abril.com.br/cultura/reedicao-de-minha-luta-de-hitler-e-sucesso-na-alemanha/ Acesso em 20.09.2021. Na época da reportagem o livro, publicado em dois volumes, com total de 2000 páginas, tinha vendido 85.000 exemplares, e custava 59 euros.

Pesquisou, lecionou, debateu e escreveu sobre diversos temas de filosofia, filosofia do direito, teoria do direito, ciência política e direitos humanos. Giuseppe Tosi (2016, p. 26-28) sistematiza as obras de Bobbio em quatro categorias: tratados de filosofia e história do direito e da política; apostilas de seus cursos universitários sobre os clássicos do pensamento jurídico e político moderno; ensaios dedicados a figuras relevantes da filosofia política e do direito do século XX; e, finalmente, os ensaios sobre temas polêmicos e problemas atuais do debate público, da cultura italiana e europeia.

Fato curioso e relevante é a adesão de Bobbio ao fascismo, quando jovem, e de sua luta antifascista durante sua vida acadêmica. A família de Bobbio aderiu ao fascismo e ele permaneceu vinculado ao regime fascista durante sua juventude até o início da maturidade (TOSI, 2016, p.18). Segundo Giuseppe Tosi (2016, p. 19), a relação de Bobbio com o fascismo foi ambígua: "adere ao fascismo por influência do ambiente familiar, mas desde a época do liceu e da universidade entra em contato com ambientes de oposição ao regime, sobretudo de inspiração antifascista liberal". A passagem dele do fascismo para o antifascismo deu-se sob a influência de Benedetto Groce e Pietro Gobetti e da revista "*La Rivoluzione Liberale*". O ajuntamento de Bobbio com professores e pensadores liberais e antifascistas o levou à prisão em 1935, em Turim. Tosi (2016, p.20) relata que, em decorrência das medidas repressivas adotadas pelo regime fascista sobre Bobbio e para com o movimento antifacista "*Giustiza e Libertà*", tais como a revista pela polícia política fascista à casa dele, a prisão por uma semana e a ameaça de perder a cátedra universitária, Bobbio chegou a escrever uma Carta a Mussolini. Ante à perseguição do regime fascista

> ... ele repudia formalmente sua oposição ao fascismo escrevendo uma carta ao "Duce" Benito Mussolini, na qual declara "a firmeza das minhas opiniões políticas e a maturidade das minhas convicções fascistas" e afirma que tal perseguição "me entristece profundamente e ofende intimamente minha consciência fascista". (TOSI,2016, p. 20)

De acordo com Tosi (2016, p.21), a carta foi descoberta nos arquivos do Estado, tendo sido publicada em 1992 em periódico de relevância. Por esse motivo, Bobbio escreveu um artigo, revelando sua perplexidade com a publicação da carta, pois "o obrigava a 'se defrontar com um *alter ego* que acreditava ter vencido para sempre". Na publicação, ele

> Reconheceu o "erro e a culpa" por não ter tido a coragem suficiente, naquele momento, para enfrentar abertamente a repressão da ditadura, e definiu essa postura como nicodemismo político, ou seja, "ser fascista com os fascistas e antifascista com os antifascistas". (TOSI, 2016, p. 21).

A carta e a interferência dos familiares e amigos de Bobbio o ajudaram com a retiradas das sanções. Posteriormente, em 1943, Bobbio assumiu uma postura pública antifascista, o que o levou mais uma vez à prisão, onde permaneceu por três meses (TOSI, 2016, p. 21).

Essas informações não têm por finalidade depreciar a enorme contribuição de Norberto Bobbio para o direito, a política e a filosofia, não havendo qualquer argumento *ad hominem*. Também não se está a perquirir se há ou não influência do fascismo em Bobbio ou em seus escritos. Isso seria objeto único de uma pesquisa histórica, que não é aqui desenvolvida. Essa breve síntese da vida e obra de Bobbio e de sua relação ambígua com o fascismo têm por objetivo demonstrar que até mesmo um intelectual de alto nível pode ter reveses em sua vida, com momentos equivocados e lamentáveis. Atualmente, a sociedade não perdoa qualquer erro ou postura equivocada, ainda que cometida há muitos anos, rapidamente "cancelando" e taxando uma pessoa ou um pensamento como intolerante, de ódio, fascista ou outro adjetivo pejorativo. Diante de pessoas "irrepreensíveis, perfeitas" e hipócritas, é relevante conhecer a história de Bobbio e aprender a buscar a lucidez, temperança e moderação.

6.2.2 Tolerância e discriminação em Norberto Bobbio

É comum dizer que a tolerância é a solução para a construção de uma sociedade pacífica e uma cultura de paz, sendo ela a resposta para o problema do discurso de ódio. Também é usual não apresentar qualquer definição para a tolerância, por vezes, com autores utilizando conceitos distintos e contraditórios sobre o que seria a tolerância.

Para Norberto Bobbio a ideia de tolerância nasce e se desenvolve no terreno das controvérsias religiosas e, posteriormente, chega ao terreno das controvérsias políticas (2011, p. 149). Segundo o autor italiano, "o reconhecimento da liberdade religiosa deu origem aos Estados não confessionais; o reconhecimento da liberdade política, aos Estados democráticos" (2011, p.149). Bobbio disserta que o núcleo da ideia de tolerância seria o "reconhecimento do igual direito a conviver que se reconhece a doutrinas opostas, e, portanto, do direito ao erro, pelo menos cometido em boa-fé" (2011, p. 153).

Bobbio (2004, p. 192) faz interessante sistematização sobre tolerância, elencando três doutrinas com ponto de partida na razão prática e três posições filosóficas sobre a tolerância. A primeira, do primeiro grupo, seria a tolerância como mal menor, ou como mal necessário; a segunda seria a tolerância como método de persuasão, como prudência política; a terceira a tolerância como razão moral, de respeito à pessoa alheia. As razões filosóficas seriam o sincretismo, o ecletismo, e o historicismo (2004, p. 189-191).

Dessa forma, existem algumas questões sobre a tolerância que são importantes para o presente estudo: a distinção entre tolerância de crenças e opiniões e tolerância em face dos diferentes; a tolerância, a ontologia e ceticismo; as definições de tolerância; e a concepção de tolerância que melhor se adeque ao texto constitucional brasileiro.

Norberto Bobbio introduz o tema da tolerância distinguindo entre tolerância como problema da coexistência entre crenças antagônicas e tolerância como problema da convivência entre minorias étnicas, linguistas, raciais, por motivos físicos ou sociais (2004, p. 186). Para o autor são questões bastante diferentes, com fundamentos, problemas e respostas diversos.

> Uma coisa é o problema da tolerância de crenças e opiniões diversas, que implica um discurso sobre a verdade e a compatibilidade teórica ou prática de verdades até mesmo contrapostas; outra é o problema da tolerância em face de quem é diverso por motivos físicos ou sociais, um problema que põe em primeiro plano o tema do preconceito e da consequente discriminação. (2004, p. 186).

Problemas distintos têm razões distintas. As motivações da tolerância e as razões da intolerância não são iguais para cada um dos problemas (2004, p. 186). Por exemplo, a intolerância de crença deriva da convicção de possuir a verdade única, enquanto a intolerância como problema de convivência deriva de um preconceito, no sentido de "uma opinião ou conjunto de opiniões que são acolhidas de modo acrítico passivo pela tradição, pelo costume ou por uma autoridade cujos ditames são aceitos sem discussão" (2004, p. 186-187).

> A questão fundamental que foi posta sempre pelos defensores da tolerância religiosa ou política é deste teor: como são compatíveis, teórica e praticamente, duas verdades opostas? A questão que deve pôr a si mesmo o defensor da tolerância em face dos diferentes é outra: como é possível demonstrar que o mal-estar diante de uma minoria ou diante do irregular, do anormal, mais precisamente do "diferente", deriva de preconceitos inveterados, de formas irracionais, puramente emotivas, de julgar os homens e os eventos? A melhor prova dessa diferença está no fato de que, no segundo caso, a expressão habitual com que se designa o que deve ser combatido, mesmo nos documentos oficiais internacionais, não é a intolerância, mas a discriminação, seja esta racial, sexual, étnica, etc. (2004, p. 187).

O problema enfrentado neste livro é o primeiro, isto é, a questão da convivência de crenças opostas, consideradas cada uma por si, como verdadeiras. O discurso proselitista religioso envolve exatamente essa primeira questão. A segunda questão, da convivência com o diferente, é extremamente relevante, não sendo aceitável condutas discriminatórias, seja por qualquer motivação, religiosa, sexual, racial etc.

Significativo é o debate sobre o fundamento da tolerância, se é o ceticismo ou se a ontologia, a verdade. Há autores que entendem que a tolerância só seria possível num contexto de ceticismos, de reconhecimento da desnecessidade ou da inexistência da verdade. João Maurício Adeodato entende que a intolerância

> ... parece ter aparecido historicamente com os monoteísmos, isto é, com a nova e revolucionária ideia de que só há um Deus. Isso implica a pretensão, sedutora para as necessidades de segurança por parte do ser humano, de uma verdade absoluta e uma exclusividade de percepção do mundo que não aceita outras delas divergentes. (ADEODATO, 2010, p. 123).

Dentre as muitas versões do ceticismo, o autor adota o pirrônico, que seria, em sua formulação o ceticismo "saudável", "imune aos discursos ontológicos, verdadeiros, impostos de cima para baixo pelas grandes soluções" (2010, p. 45). Adeodato e Pereira dividem o relativismo em dois grandes grupos, o relativismo potente e o relativismo débil. Aquele seria "reflexivo e autoconsciente e se caracteriza pela capacidade de autocontenção do impulso destruidor diante de essencialismos e pretensões de verdade contra os quais o homem se insurge" (2019, p. 29). O débil seria uma forma "nefasta" de relativismo, pois é "incapaz de conter impulsos de promoção e reconhecimento do absoluto de si ou de outrem". Ainda seguindo os autores, o relativismo débil

> ... em nome de uma retórica pluralista e multiculturalista, relativizam até a anulação do outro, valorizam, excessivamente, fatores culturais e desconsideram a condição humana universal em suas prerrogativas existenciais, o que inclui a dignidade da pessoa e a sua sacralidade, fundamentos do humanismo. Seu projeto é fazer prevalecer uma verdade específica, bem como promover a aceitação de visão unilateral, ainda que à custa da higidez moral e física do outro. [...] Em nome dos pressupostos do relativismo débil, assiste-se à defesa de práticas, como a excisão clitoriana, a mutilação genital feminina praticada em regiões da Terra onde o patriarcado impera, assim como no Ocidente, onde certa cepa de intelectuais, insensíveis ao sofrimento das mulheres oprimidas física, emocional e culturalmente, aplaudem a prática em nome da diversidade cultural. (ADEODATO; PEREIRA, 2019, p. 30-31)

Depreende-se que, mesmo entre os relativistas e céticos, não há resposta unânime sobre questões polêmicas que envolvem visões de mundo distintas e concepções religiosas e não religiosas sobre a dignidade humana.

Outros autores defendem ser possível a existência da tolerância sem ceticismo, ou seja, da tolerância na ontologia, na verdade. Bobbio sustenta que a tolerância "não implica a renúncia à própria convicção firme, mas implica pura e simplesmente a opinião de que a verdade tem tudo a ganhar quando suporta o erro alheio", (2004, 189), a tolerância "não se baseia na renúncia à própria verdade, ou na indiferença frente a qualquer forma de verdade" (2004, p. 191). O autor parte do pressuposto de que a "antítese indiferença-fanatismo não remete exatamente à antítese tolerância-intolerância, que é essencialmente prática" (2004, p. 188). Isto é, o tolerante não é necessariamente o indiferente, o cético, e nem o intolerante é o fanático.

Existem muitas definições sobre a tolerância, com fundamentações filosóficas, políticas, morais e religiosas (VITA, 2009; WILLIAMS, 2009; SCANLON, 2009; FORTS, 2009; ESPÍNOLA, 2018). Rainer Forst (2009) sustenta que a tolerância pode ter duas concepções: tolerância como permissão e tolerância como respeito moral. Como permissão, a tolerância seria a "relação entre uma autoridade ou uma maioria e uma minoria dissidente", com a primeira concedendo uma permissão aos membros da minoria para que vivam conforme suas crenças, desde que aceite a posição de dominância da maioria ou autoridade. Na tolerância como respeito há reciprocidade entre as partes, ou seja, apesar das muitas diferenças morais, políticas, religiosas e filosóficas, elas se respeitam como moral e politicamente iguais. Forst apresenta critérios para investigar os limites da tolerância, sendo eles a independência e a imparcialidade. Forst afirma que

> Os limites da tolerância são, portanto, atingidos quando um grupo tenta dominar os demais fazendo de suas visões rejeitáveis a norma geral. Tal negação do direito à justificação é uma forma de intolerância que não pode ser tolerada. (2009, p. 23).

Hugo Espínola (2018), em estudo sobre a tolerância, expõe o pensamento de Forst e vai além, propondo mais quatro definições. É pertinente a pontuação de que esses modelos de tolerância não são estanques, podendo ser percebidos em conjunto em determinadas épocas. Espínola sustenta os conceitos de tolerância como condescendência, como civilidade, como harmonia na diferença e como humanidade, optando o autor pela união do primeiro e do último modelo. A tolerância como condescendência, para Espínola, seria o de ter condescendência para com uma prática ou ideia compreendida como errada, prejudicial, ruim, defeituosa, sem, no entanto, intentar obstruí-la. Desse modo, quem concede a tolerância parte de uma ideia de superioridade, podendo realizar críticas e juízos depreciativos. Na tolerância como civilidade tem-se também a permissão de comportamentos ou ideias tidas como equivocadas, realizando-se a crítica de forma cordial, educada, urbana e fraternal. De outro lado, a tolerância como harmonia na diferença, segundo Espíndola, foi apresentada em 1995, na Declaração de Princípios sobre a Tolerância, da Unesco. Parte-se da união de um conceito filosófico e normativo de tolerância, pois ela é uma harmonia na diferença e está prevista em um documento internacional de direitos humanos. Para a Declaração, a tolerância é "o respeito, a aceitação e o apreço da riqueza e da diversidade das culturas de nosso mundo, de nossos modos de expressão e de nossas maneiras de exprimir nossa qualidade de seres humanos" (2018). Hugo Espínola entende que esse modelo de tolerância fomenta o relativismo e rejeita o dogmatismo e o absolutismo. Por fim, a tolerância como humanidade

> ...tem esteio na existência, no âmago dos seus praticantes, de sensibilidade humana e ideia de que todas as manifestações da espiritualidade-materialidade, religiosas ou arreligiosas, fazem parte da natureza humana, fundamentalmente universal. [...] O tolerante pode não concordar – e até criticar, expondo a sua opinião, se houver espaço e receptividade – com determinada crença ou valor, religioso ou irreligioso, mas respeita o direito à autodeterminação da consciência, que todo o ser humano possui, e sabe que não pode impor convicções e princípios filosóficos, ateístas ou religiosos, sobre indivíduo, grupo, movimento ou sociedade. (ESPÍNOLA, 2018).

Muitas são as definições de tolerância, cada uma com fundamentos filosóficos e sociológicos diferentes. A não exposição sobre qual definição de tolerância se está trabalhando dificulta a compreensão e o diálogo crítico. Além disso, como Rainer Forst aduziu, o conceito de tolerância é usado de forma estratégica, em um "acentuado valor de uso político", que leva a se tentar "modelar a própria posição como tolerante e a dos outros como intolerantes, estando além dos limites adequados da tolerância" (2009, p.16). Forst ainda faz importante consideração sobre a defesa dos limites da tolerância no debate público e na ordem legal, expondo que as vezes é mais vantajoso que essa defesa dos limites da tolerância não seja feita por meio de lei (2009, p. 27-28).

Ressalva notável fez Bobbio ao esclarecer que "excluir da tolerância certas ideias com base na distinção entre ideias progressistas e reacionárias é no mínimo perigoso" (2011, p. 153). Ao enfrentar a questão de ser tolerante com os intolerantes, ele sustenta que existe uma enorme simplificação na indagação, pois, há gradações de tolerância e de intolerância, e, na prática, a resposta é bem mais complexa do que parece (p.153). Sustenta que entre a perseguição e a tolerância para com o intolerante deve-se optar pela última, pois o "intolerante perseguido e excluído dificilmente se tornará um liberal" (2011, p. 154). Bobbio defende que

> Pode valer a pena colocar em risco a liberdade fazendo que seu inimigo também se beneficie dela, se a única possível alternativa é a de restringi-la a ponto de correr o risco de sufocá-la ou pelo menos de não lhe permitir dar todos os frutos. **Melhor uma liberdade sempre em perigo mas expansiva que uma liberdade protegida mas incapaz de evoluir. Somente uma liberdade em perigo é capaz de se renovar. Uma liberdade incapaz de se renovar acaba por se transformar, cedo ou tarde, numa escravidão".**
> [...] A tolerância é um método que implica, como disse, o uso da persuasão perante aqueles que pensam diferentemente de nós, e não o método da imposição. (2011, p. 154, 155). (Sem grifos no original).

O que é relevante, num enfoque dogmático-jurídico proposto, é extrair do texto constitucional o modelo que melhor represente os valores, princípios e regras do sistema jurídico brasileiro. Nessa empreitada, entendemos que o conceito de tolerância como condescendência se amolda melhor ao sistema constitucional brasileiro, que defende uma ampla liberdade de expressão, ainda que para ideias consideradas por alguém como ruins, e ainda que expressadas sem etiqueta e urbanidade.

Recorde-se que Norberto Bobbio adota um modelo de tolerância que coexiste com posições ontológicas e normativas, o que é bem apropriado para a sociedade contemporânea, caracterizada pela multiplicidade de culturas, crenças e religiões. Para além das lições de Bobbio sobre a tolerância, sua proposta de identificação da "discriminação" é crucial para este livro e para a questão do discurso de ódio.

Além dos muitos escritos sobre filosofia e teoria do direito, Bobbio também tem escritos morais, como a obra "O Elogio da Serenidade e Outros Escritos Morais", publicada em 1994 na Itália, e com edição em português pela editora Unesp. É nessa obra que Bobbio disserta sobre a natureza do preconceito e propõe um critério para identificação da discriminação.

Norberto Bobbio inicia o texto, como de costume apresentando definições e afastando ambiguidades e conceitos próximos. O autor parte do conceito de preconceito, explicitando-o quanto à abrangência, individual ou coletiva, e delimitando quando se passa de um preconceito para uma discriminação.

> Entende-se por "preconceito" uma opinião ou um conjunto de opiniões, às vezes até mesmo uma doutrina completa, que é acolhida acrítica e passivamente pela tradição, pelo costume ou por uma autoridade de quem aceitamos as ordens sem discussão: "acriticamente" e "passivamente", na medida em que a aceitamos sem verificá-la, por inércia, respeito ou temor, e a aceitamos com tanta força que resiste a qualquer refutação racional, vale dizer, a qualquer refutação feita com base em argumentos racionais. (2011, p. 103).

Na verdade, preconceito é uma prévia-compreensão, uma ideia prévia, e não está vinculado a algo pejorativo. Conceitos prévios todos têm sobre os muitos temas. Muitos pré-conceitos, prévias-compreensões, são percebidos em ditados populares, músicas e histórias populares. Isto é, há preconceitos, conceitos prévios, que são bons e não possuem juízo discriminatório. Essa distinção entre ideias pré-concebidas, boas e ruins, ou discriminatórias ou não é feita por Theodore Dalrymple (2015). Dalrymple cita a definição de preconceito pela pelo Dicionário Oxford em sua versão compacta, que seria "um julgamento prévio, especialmente ao se caracterizar como prematuro ou apressado. Opinião preconcebida; viés favorável ou desfavorável; predisposição..." (2015, p. 17). O autor inglês defende que sempre haverá opiniões preconcebidas e que, quando um preconceito é superado, outro assume o seu lugar. Dá o exemplo de que "o preconceito que afirma ser errado criar um filho fora do casamento foi substituído por outro que diz que não há absolutamente nada de errado com isso" (2015, p. 39).

Nesse sentido, o preconceito, a ideia preconcebida, pode ser boa ou ruim, pode ser discriminatória ou não. A ligação que Bobbio faz entre preconceito e racionalidade não é satisfatória, uma vez que há preconceitos firmados em teorias científicas e racionais, ou seja, nem sempre um preconceito é sinônimo de ideia irracional.

Prosseguindo, Bobbio passa a apresentar sua definição sobre discriminação. É oportuno salientar que ele não trabalha com a expressão discurso de ódio, embora sua construção teórica sobre a discriminação seja plenamente aplicável aos dias atuais. Entende o autor italiano (2011, p. 107) que a palavra discriminação é recente e foi introduzida e difundida nas campanhas raciais, nazistas e fascistas. Ele finaliza o texto defendendo que o preconceito deve ser combatido, pois suas consequências são nocivas, sendo elas: a discriminação; a marginalização; e a perseguição política. A discriminação seria uma diferenciação injusta ou ilegítima. Ela ocorre de forma progressiva, por meio de três fases: juízo de fato; juízo de valor; e juízo de supressão ou aniquilação (embora Bobbio não use essa expressão). Apenas com a cumulação dos três juízos, ou com a presença do terceiro juízo é que se tem a discriminação como ilícito civil e penal ou como um discurso de ódio punível (2011, p. 108).

A discriminação, num primeiro momento, tem por base um *juízo de fato*, quer dizer, na constatação da diversidade, entre grupos, entre homens etc. Para Bobbio, a discriminação/distinção fática não é reprovável, pois, de fato, há muitas diferenças entre homens, mulheres, grupos etc. Ainda segundo o autor o "juízo discriminante necessita de um juízo ulterior", não mais de fato, mas sim de valor, em outras palavras, "necessita que, dos dois grupos diversos, um seja considerado bom e outro mau ou que um seja considerado civilizado e o outro bárbaro, um superior (em dotes intelectuais, em virtudes morais etc.) e o outro inferior" (2011, p. 108). O critério de distinção aqui é valorativo, e como tal, condicionado historicamente e culturalmente. Até esse momento, não há discriminação como ilícito juridicamente punível. "A relação de diversidade, e mesmo a de superioridade, não implica as consequências da discriminação racial" (2011, p. 109). Bobbio realça que a simples consideração de superioridade não leva obrigatoriamente à tentativa de subjugação, de aniquilamento e supressão.

> Para que a discriminação libere todas as suas consequências negativas, não basta que um grupo, com base num juízo de valor, afirme ser superior ao outro. Pode-se muito bem pensar num indivíduo que se considere superior

> a outro mas não extraia de modo algum deste juízo a consequência de que é seu dever escravizá-lo, explorá-lo ou até mesmo eliminá-lo. (BOBBIO, 2011, p. 109)

A terceira e decisiva fase é quando um grupo ou pessoa intenta subjugar, comandar, dominar e exterminar outra pessoa ou grupo. Bobbio enfatiza que um juízo valorativo de superioridade pode levar tanto a um dever de auxílio do superior para com o inferior como a um direito de supressão (2011, p. 109-110). Contudo, não há relação direta e automática entre a existência de juízos valorativos e a ação de eliminação de indivíduos e grupos.

Nesse contexto, a existência de juízos de fato ou de valor não configura um juízo discriminatório. Apenas a cumulação dos três juízos ou a presença apenas do terceiro é que caracteriza o juízo discriminatório. Ele cita o seguinte exemplo, no qual tem-se claramente um juízo discriminatório, com o preenchimento das três fases:

> a) Os judeus são diferentes dos arianos; b) os arianos são uma raça superior; c) as raças superiores devem dominar as inferiores, e até mesmo eliminá-las quando isto for necessário para a própria conservação. (2011, p. 110).

Embora Bobbio não trabalhe com a ideia de discurso de ódio, sua construção teórica é plenamente aplicável, sendo até preferível o uso da expressão discurso discriminatório à expressão discurso de ódio. Entendemos que a primeira expressão é mais precisa, menos abstrata, e mais bem delineada. De forma que, o discurso de ódio (discriminatório) somente ocorreria quando se postulasse a eliminação, subjugação e o extermínio de outro grupo.

Deve-se reconhecer que o critério de Bobbio é bem definido, delimitado e claro, e tem aptidão de operabilidade pela dogmática e para a resolução de casos concretos. Entretanto o autor utiliza a palavra discriminação tanto significando um ato ou discurso lícito, (por exemplo, nos juízos de fato e de valor, no sentido de discriminação como diferenciação e distinção), como a utiliza como sinônimo de ilícito e de conduta punível e reprovável, sendo a discriminação como diferenciação pejorativa, injusta e ilegítima. Seria preferível que ele utilizasse o termo discriminação apenas quando presentes os três juízos, ou as três fases. Dessa maneira, o juízo de fato e o de valor seriam apenas juízos distintivos, diferenciadores, mas não discriminatórios.

De toda forma, o critério trifásico de identificação e caracterização da discriminação é uma construção teórica interessante e que pode ser de grande valia para a dogmática constitucional brasileira.

Frente a discursos ruins, grosseiros, mal-educados, rudes, arrogantes, que postulam superioridade, a opção de Bobbio não é de imposição de força e silenciamento, mas sim de combate de ideias, no campo das ideias, por meio da educação (BOBBIO, 2011, p. 117).

> ... a democracia, vale dizer, uma sociedade em que as opiniões são livres e portanto são forçadas a se chocar e, ao se chocarem, acabam por se depurar. Para se libertarem dos preconceitos, os homens precisam antes de tudo viver numa sociedade livre. (BOBBIO, 2011, p. 118).

A formulação teórica de Bobbio é eficaz para auxiliar a identificar um discurso religioso proselitista e um discurso discriminatório. Tanto é que no RHC 134683/BA o recorrente acostou parecer jurídico elaborado pelo jurista André Ramos Tavares, que se vale da formulação de Norberto Bobbio, e foi expressamente citado no voto do Ministro Luiz Edson Fachin, que foi o relator de ambos os Recursos em *Habeas Corpus*, objetos deste livro.

6.3 Avaliando as decisões do STF

No exercício da dogmática constitucional e visando colaborar para o desenvolvimento do direito constitucional brasileiro muitas críticas gerais poderiam ser feitas aos votos dos Ministros do Supremo Tribunal Federal e aos acórdãos objetos deste livro. Elenquemos algumas: A primeira é a ausência de um ponto de partida que inicie a exposição do âmbito de proteção e da área de regulação do direito fundamental em discussão. Se a questão constitucional enfrentada é sobre a extensão e limites do proselitismo religioso, então o debate deveria iniciar sobre o art.5º, incisos VI e VIII da CF. Esse ponto é levantado por Leonardo Martins (2014), em artigo sobre outro julgado paradigmático do Supremo. A segunda crítica diz respeito à total ausência de diálogo do Supremo com sua própria jurisprudência e seus precedentes. Se há um precedente de 2016, o RHC 134683/BA, então ele deveria ser o paradigma para o julgamento do RHC 146303/RJ em 2018. Entretanto não houve autorreferência, não houve debate aprofundado sobre a semelhança dos casos, a distinção ou mesmo a superação do entendimento. A terceira crítica seria a ausência de uma explicitação pela Corte constitucional brasileira sobre o fundamento ou fundamentos da liberdade de expressão e da liberdade de expressão religiosa. Apesar de a Corte Suprema Brasileira ter enfrentado casos importantes sobre a liberdade de expressão, não se teve uma preocupação de explicitar os fundamentos filosóficos da liberdade no Brasil, tal como foi feito pela Suprema Corte Americana, conforme demonstrado por LAURENTIIS e THOMAZINI (2020) e por MACEDO JR (2017). Ronaldo Porto Macedo Jr., tratando de casos julgados pelos Tribunais brasileiros concluiu que:

> A característica mais saliente a ser destacada é a falta de uma reflexão mais profunda e apurada que pudesse revelar alguma coerência teórica que poderia estar por trás desses casos. É difícil evitar a impressão de que os diferentes padrões adotados nessas decisões são, em última análise, mera expressão dos vieses ideológicos que nortearam as preferências do juiz. Em outras palavras, é difícil encontrar argumentos jurídicos que correspondam ao requisito de integridade. Ao ler os casos, pode-se facilmente concluir que as decisões foram *ad hoc,* embora algumas citações de teoria do equilíbrio, apelos ao princípio da dignidade da pessoa humana e doutrinas da moda pudessem servir de disfarce para a mera discrição forte[10]. (2017, p.281) Tradução livre.

E ainda seria possível, como crítica, apontar a não observância das peculiaridades do fenômeno religioso na resolução dos casos. Consoante

[10] The most salient feature to be stressed is the lack of a more deep and refined reflection that could reveal some theoretical coherence that could lie behind these cases. It is hard to avoid the impression that the different standards adopted in these decisions are, in the end of the day, a mere expression of the ideological biases that guided the judge's preferences. In other words, it is difficult to find legal arguments that could match the requirement of integrity. On reading the cases one could easily conclude that the decisions were ad hoc, even though some quotes of the balancing theory, appeals to principle of human dignity, and fashionable doctrines could serve as a disguise for mere strong discretion.

dissertado no capítulo quarto, o fenômeno religioso possui características peculiares e a expressão religiosa tem elementos que lhe distinguem, em parte, da liberdade de expressão em geral. Esse fato, no entanto, não foi observado na maioria dos votos dos Ministros nos dois casos tratados. Uma coisa é censurar uma matéria de jornal, como algo danoso à democracia e uma violação da liberdade de expressão. Outra muito pior é proibir o exercício da expressão de determinada religiosidade, pois, a longo prazo, permanecendo proibido, ter-se-á não apenas a violação à liberdade religiosa, como também a extinção daquela religiosidade, que foi indiretamente proibida de se manifestar.

6.3.1 RHC134.682/BA – análise crítica dos votos dos ministros

No RHC134.682/BA - 1ª Turma, o relator foi o Ministro Edson Fachin, prolatando voto vencedor que foi acompanhado pelos Ministros Marco Aurélio, Ministra Rosa Weber e Ministro Luis Roberto Barroso. Houve a divergência do Ministro Luiz Fux, contudo sem apresentar maiores fundamentações. Por sua vez, no RHC 168.353/RJ - 2ºTurma, o Ministro Edson Fachin também era o relator do processo. Entretanto, com a divergência do Ministro Dias Toffoli, este passou a ser o redator para o acórdão e redigiu a ementa. Nesse segundo processo, o Ministro Fachin foi voto vencido e o voto do Ministro Dias Toffoli foi acompanhado pelos Ministros Celso de Mello, Gilmar Mendes e Ricardo Lewandowski.

Conforme exposto no capítulo quarto, o julgamento do RHC134.682/BA foi de procedência, determinando o trancamento da ação penal. O Min. Fux pontuou que a liberdade religiosa teria como elementos o respeito pela religião alheia e a tolerância. A Min. Rosa Weber afirmou que as frases escritas pelo Recorrente no seu livro eram intolerantes, mas que ela exerceria a tolerância para com a intolerância, ressaltando que as expressões que embasaram a denúncia não se enquadram no tipo penal no artigo 20 da Lei de n. 7.716/89. O Min. Marco Aurélio destacou que a responsabilidade penal é estrita e que o tipo penal em questão deveria ser interpretado à luz da Constituição Federal. Pontuando que o livro objeto da denúncia teria apenas defendido a incompatibilidade entre o catolicismo e o espiritismo. O Min. Barroso apontou que a tolerância não significaria aceitação do que é tolerado e que a liberdade de expressão abrangeria expressões intolerantes, pedantes ou prepotentes. O discurso de ódio seria o limite da liberdade de expressão, e aquele seria configurado quando dirigidos contra grupos vulneráveis. Em nossa análise crítica estabelecemos alguns parâmetros para avaliar os votos, que são: exposição dos conceitos de liberdade religiosa, proselitismo religioso, discurso de ódio, discriminação e, por fim, a apresentação de um critério demarcador sobre o limite entre o discurso religioso proselitista e o discurso de ódio/discriminatório.

O primeiro problema encontrado é o uso do termo tolerância. Qual a natureza, conteúdo, seus elementos, características e se teria normatividade e formas de incidência. São pontos omissos nas decisões. Embora todos os Ministros tenham se referido à tolerância em algum momento de sua votação, é inequívoco que eles não trabalham com a mesma definição, elementos e limites. Para alguns as palavras objetos da denúncia seriam intolerantes, contudo não configurariam o tipo penal do artigo 20 da Lei de n. 7.716/89. Isto é, a intolerância não seria equivalente à discriminação ou ao tipo penal da referida lei. Porém o Min. Fux coloca a tolerância como um limite implícito da liberdade religiosa. Aqui ela teria conteúdo jurídico, embora não expresso no texto constitucional.

Para alguns Ministros a tolerância e a intolerância estariam no campo da moral ou da ética, não possuindo conteúdo jurídico. Para outros ela teria conteúdo jurídico e seria um limite implícito à liberdade de expressão. Conforme explorado anteriormente, há muitas concepções sobre a tolerância e sobre seus limites e nem todas elas são compatíveis com o texto constitucional brasileiro. De forma que afirmar ser a tolerância um critério limitador da liberdade religiosa e do proselitismo religioso não favorece o bom exercício da dogmática jurídica e nem oferece um parâmetro objetivo de resolução de conflitos e de orientação de condutas. O uso retórico da tolerância é visto nos dois casos.

A tolerância seria uma norma jurídica? Se sim, extraída de qual texto constitucional? Seria ela um limite geral para a liberdade de expressão ou um limite especial aplicável apenas para a liberdade religiosa? Ou a tolerância seria apenas um valor moral ou filosófico desejável na sociedade? Todas essas perguntas não foram levantadas e muito menos respondidas em ambos os julgados.

O segundo problema oriundo do RHC134.682/BA é a vinculação feita pelo Min. Barroso entre discurso de ódio e grupo vulnerável como limite à liberdade de expressão. As críticas a essa vinculação foram apresentadas no terceiro capítulo. Ainda que fosse aceita a utilização da expressão discurso de ódio como limitador da liberdade de expressão, os problemas de falta de clareza sobre o que seria um discurso de ódio e qual seria o seu fundamento constitucional não foram explicados no voto, o que gera um alto grau de discricionariedade em matéria de limitação a direito fundamental.

O voto do Ministro Fachin é o único que expõe de maneira clara os conceitos de liberdade religiosa, discriminação, discurso de ódio e proselitismo religioso, tendo apresentado um critério claro de demarcação do limite entre o proselitismo religioso e a discriminação.

6.3.2 RHC 146.303/RJ – análise crítica dos votos dos ministros

De outro lado, no RHC 146.303/RJ, como já afirmado, o Min. Fachin foi o relator e seu voto é praticamente igual ao julgado anterior, com poucos acréscimos. Nesse julgamento o voto divergente foi do Min. Toffoli. Comparando-se os votos vencedores nos dois casos percebe-se que há divergência sobre a abrangência da liberdade religiosa, com o Ministro Dias Toffoli postulando uma distinção entre discurso religioso e discurso sobre crença alheia. Isso significa que para o Ministro Edson Fachin a liberdade religiosa engloba o discurso proselitista religioso, e este envolve a elaboração de críticas contra outras crenças religiosas ou não religiosas. Por outro lado, para o Ministro Toffoli o discurso religioso proselitista teria como limite a exposição apenas de determinada crença religiosa, sem que se faça crítica a outras crenças religiosas ou não religiosas. Por essa razão, daremos maior ênfase à análise entre os votos do Ministro Edson Fachin e do Ministro Dias Toffoli. Antes disso, faremos críticas sobre os votos de cada um dos ministros.

Mais uma vez aplicamos os parâmetros de análise dos votos, que são: exposição dos conceitos de liberdade religiosa, proselitismo religioso, discurso de ódio, discriminação; e, por fim, a apresentação de um critério demarcador sobre o limite entre o discurso religioso proselitista e o discurso de ódio/discriminatório.

No RHC146.303/RJ, o Min. Lewandowski defendeu que as falas do acusado, nas quais chamou a Igreja Católica de prostituta católica, e outras religiões de prostitutas espirituais, seria discurso de ódio, que vai de encontro à paz social, à fraternidade e a solidariedade. Entretanto, há não apenas livros e artigos, mas também filmes, peças teatrais, seriados, pinturas, músicas e piadas, que retratam, de forma ácida, não apenas a Igreja Católica de forma pejorativa, desrespeitosa, grosseira e intolerante, como também retratam as figuras de Cristo, Maria e outros personagens bíblicos como prostitutos, infiéis, mentirosos, criminosos, e com outras identidades de gênero. Todavia tais obras jamais foram acusadas de intolerância religiosa ou mesmo de incitação ao ódio. De modo que não há critério demarcador no voto do Ministro Lewandowski e suas considerações sobre o caso concreto não são passíveis de aplicação para outros casos.

As críticas feitas no parágrafo anterior também se aplicam ao voto do Min. Gilmar Mendes, que não postulam um parâmetro demarcador entre o proselitismo religioso, ainda que crítico, ácido, irônico e grosseiro, e o discurso discriminatório ou de ódio. A doutrina constitucional leciona que a possibilidade de agravo a terceiro não coíbe a liberdade religiosa.

> Há mais o que dizer, pois no rol dos comportamentos que o Texto Magno caracteriza como preconceito (inciso IV do art. 3ª) *o único deles assim tachado de criminoso foi o racismo.* (itálico no original).
>
> [...]
>
> Mas a premissa da Constituição é uma só: *não é pela possibilidade de agravo a terceiros, ou de uso invasor da liberdade alheia, que se vai coibir a primitiva liberdade de expressão* (que se define, assim, como liberdade absoluta, nesse plano da incontrolabilidade de sua apriorística manifestação). (Itálico no original). (BRITTO, 2006, p.146;149)

Por fim, o voto do Min. Celso de Mello apresenta um conceito de tolerância, previsto na "Declaração de Princípios Sobre a Tolerância", da Unesco, o que já é um avanço em relação aos demais votos. O Ministro defende que discurso de incitação ao ódio público não estão protegidos pela liberdade religiosa e que o critério para a sua limitação seria a integridade social, a coexistência harmoniosa das liberdades e o critério máximo, que seria a ordem pública. Percebe-se o elevado grau de abstração em tais conceitos, o que leva a um juízo discricionário sobre os limites da liberdade religiosa. O que seria uma conduta religiosa que ofenda a ordem pública ou a integridade social? Esses conceitos vagos podem ser usados para legitimar a censura e limitação inconstitucional ao exercício do direito fundamental à liberdade religiosa e ao proselitismo religioso.

A distinção que o Min. Toffoli fez, restringindo o discurso religioso a apenas a exposição de sua crença, sem poder se expressar sobre as demais crenças é frágil e não tem fundamento constitucional ou mesmo filosófico.

Essa limitação da abrangência da liberdade religiosa, se for levada adiante, fará com que uma crença religiosa "A" possa ser objeto de crítica por parte de jornalistas, políticos, filósofos, ateus, cientistas, historiadores, humoristas, artistas, e demais sujeitos, porém não poderá ser objeto de crítica feita por outra crença religiosa.

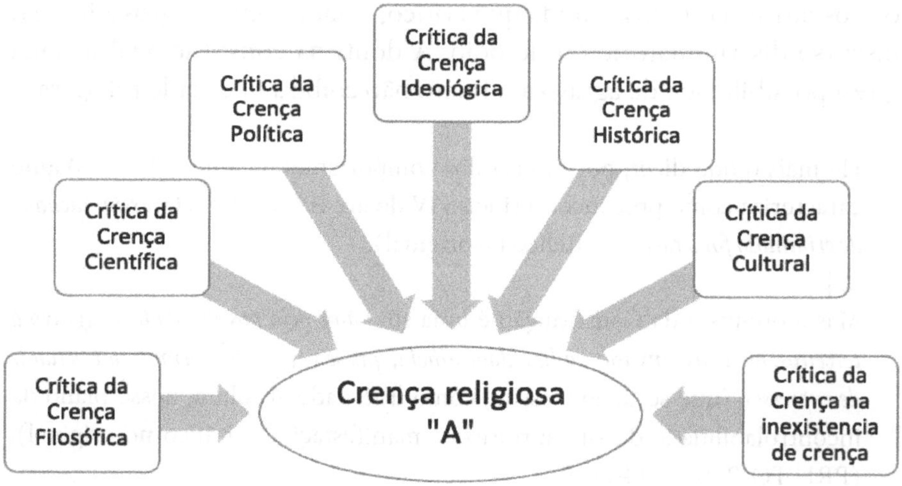

FLUXOGRAMA 3. Elaborado pelo autor.

Essa distinção proposta pelo Ministro Toffoli, além de não constar expressamente do texto constitucional, termina por amputar um dos principais elementos da liberdade de expressão, que é a liberdade de crítica, e da liberdade religiosa, pois desconsidera a existência do proselitismo religioso. Não há justificativa para tal distinção, que não é expressa no texto constitucional e nem sustentada pela doutrina. A livre manifestação do pensamento e o proselitismo religioso abrangem o exercício da crítica a outras crenças religiosas ou não religiosas. Essa característica da crítica é, como já defendido, presente em qualquer discurso.

> As ideologias, voltadas a explicar as coisas em função de um motivo concreto que pode ser mais genérico ou mais específico, e que se articulam como "condenação" e "aprovação" de determinados valores, conservam portanto algo do padrão teológico. Desde logo o exclusivismo: cada ideologia considera as demais como nefandas e errôneas, estabelecendo sua explicação como única satisfatória, apta inclusive a explicar os erros das outras. Em seguida a tendência escatológica, designadamente em certos casos: a descrição do processo histórico se transforma na anunciação de eventos em que se cumpre o destino dos homens e das coisas. Mas conservam também um tanto do racionalismo, inclusive em sua peculiar pretensão de objetividade, justamente uma pretensão que complementa e avaliza o exclusivismo. (SALDANHA, 2005, p. 9-10).

Uma segunda crítica que pode ser feita tanto ao voto do Min. Dias Toffoli quanto aos demais votos é a ausência de um parâmetro identificador da discriminação ou do discurso de ódio. É possível pensar em hipótese na qual o discurso religioso tenha se referido apenas a seus credos e dogmas e, ainda assim, seja considerado como discurso de ódio. Por exemplo, Sidnei Nogueira (2020) em seu livro sobre intolerância religiosa, defende que a crítica feita contra as religiões de origem africana são, na verdade, racismo religioso, e, portanto, condutas ilícitas.

> A incitação à intolerância, sobretudo em relação às religiões de matrizes africanas, parte de discursos proferidos por pastores, padres e até autoridades políticas. (p.67). [...] Quando se fala em intolerância religiosa, algumas vezes o foco da perseguição não é apenas a origem étnica dos praticantes ou a origem da crença, mas uma prática do sagrado alheio, que é considerada herética ou demoníaca por outro grupo. (p.83). [...] O racismo religioso condena a origem, a existência, a relação entre uma crença e uma origem preta. O racismo não incide somente sobre pretos e pretas praticantes dessas religiões, mas sobre as origens da religião, sobre as práticas, sobre as crenças e sobre os rituais. (p. 89). [...] O processo de demonização dos cultos de

> matrizes africanas, em última análise, caracteriza a negação da humanidade desses fiéis. (p. 91). [...] Com a força do racismo e das culturas hegemônicas, já se fala em um candomblé vegetariano, sem a imolação de animais... (p. 113). (NOGUEIRA, 2020, p. 67,83,89,91,113)

Ocorre que centenas de crenças religiosas, ao exporem seus dogmas, podem, *a contrário sensu*, negar as crenças das religiões africanas. Nesse caso, como identificar se há ou não discurso de ódio? A tese defendida pelo Min. Toffoli não responde a essa questão. As críticas a uma teoria ou crença, se feitas por um religioso, seriam proibidas, se feitas por alguém não religioso, seriam permitidas, em clara violação à isonomia. Oportuna a citação de Weingartner Neto, com base em Jonatas Machado,

> Há, rondando o discurso de ódio, um "irreprimível impulso censório", quando seria possível alcançar um ponto de equilíbrio: é tão legítimo feministas radicais e comunidades homossexuais "apelidarem as hierarquias eclesiásticas de misóginas e homofóbicas, como estas insistirem no sacerdócio patriarcal e afirmarem o caráter pecaminoso da homossexualidade". (WEINGARTNER NETO, 2007, p.309)

Uma terceira crítica seria o uso do direito penal como primeiro instrumento de pacificação social, desconsiderando que o direito penal deve ter uso restrito, sob pena de banalizar a tutela penal.

Oportuno recordar que, dois anos após o julgamento do RHC146.303/RJ, o Min. Dias Toffoli, enquanto presidente do STF, deferiu liminar na Medida Cautelar na Reclamação de n. 38.782/RJ, autorizando que uma plataforma de *streaming* exibisse um filme, especial de Natal, produzido por grupo humorístico brasileiro com retratações de personagens bíblicos de forma completamente distinta do relato bíblico, retratando Maria como uma prostituta e Jesus como homossexual. Não é o caso de discutir o mérito da referida Reclamação, mas apenas de destacar que coerência, integridade e autorreferência não são facilmente encontradas nas decisões do STF. Esse fato dificulta a compreensão de qual é o entendimento do Tribunal sobre determinado assunto e cria a impressão de que as decisões são proferidas não de acordo com a Constituição, mas *ad hoc*. Impedindo a consolidação sobre determinada interpretação e obstando que a sociedade possa agir livremente, sabendo exatamente sobre a quais consequências estarão submetidas ao expressarem sua opinião.

Dessa forma, conclui-se que o voto do Ministro Edson Fachin é o único que apresenta, de forma clara, os conceitos de liberdade religiosa, proselitismo religioso, tolerância, discriminação. Também é o único que fornece um parâmetro para demarcar o que seria o proselitismo religioso e o discurso discriminatório. Assim, há um parâmetro decisório, no voto do Min. Fachin, extraível dos casos concretos e passível de aplicação em outros casos e como orientação de conduta para a sociedade. Todavia não é possível extrair um critério fundado nas votações de todos os Ministros, que, embora tenham chegado ao mesmo resultado, trilharam caminhos completamente diferentes na fundamentação.

Evidente que os fatos tratados nos dois casos, apesar de, para o Min. Fachin não configurar o tipo penal do artigo 20 da lei de n. 7.716/89, poderiam ser enquadrados no tipo penal do artigo 208 do Código Penal. Por isso é importante compreender o microssistema penal da discriminação em vigor no Brasil e conforme externado no capítulo terceiro deste livro.

6.4 Por um parâmetro adequado ao contexto brasileiro: a contribuição de Bobbio para a proteção do discurso religioso proselitista e para a identificação do discurso discriminatório

A análise dos votos individualizados em ambos os casos pesquisados demonstra que o critério identificador da discriminação proposto por Norberto Bobbio e utilizado pelo Ministro Edson Fachin é o que melhor representa e se adequa ao texto constitucional brasileiro. Em que pese *o parâmetro proposto pelo Min. Fachin* não tenha sido acolhido no segundo caso, julgado em 2018, ele *não foi superado*, haja vista que não se teve a apresentação de um outro critério identificador do discurso discriminatório.

O dissenso é elemento normal em sociedades complexas e plurais como a brasileira. Pretender eliminar os desacordos morais da sociedade é anseio utópico e com viés autoritário, que cria mais problemas do que soluções. O parâmetro de identificação da discriminação elaborado por Norberto Bobbio (2011) possibilita a existência do dissenso social, da crítica em face de crenças religiosas e não religiosas, a preservação do direito fundamental à liberdade religiosa, e à tutela das pessoas e grupos religiosos e não religiosos. Além disso, o critério trifásico de Bobbio tem grande operabilidade na resolução de conflitos, viabilizando uma decisão judicial ou a escolha de uma conduta, de forma clara e objetiva e com segurança jurídica e impedindo a arbitrariedade, discricionariedade e subjetividade na concretização da liberdade religiosa na sociedade brasileira.

O exercício do direito fundamental ao proselitismo religioso não pode ser visto como algo ilícito e criminoso. O proselitismo religioso é elemento nuclear da liberdade religiosa e, por conseguinte, é direito fundamental. "... a liberdade de divulgação de crenças é elemento indissociável da própria liberdade religiosa" (BRANCO; JACOBINA, 2016, p. 19). O Constituinte bem colocou no art. 5º, inciso VIII, que a crença religiosa não poderia ser motivo de discriminação ou punição estatal. Carlos Ayres Britto bem apreendeu o ponto, na seguinte passagem:

> Três comportamentos, todavia, são especialmente normados como excludentes de abusividade. Comportamentos ditados por imperativos de consciência e que são, pela ordem com que a Lei Maior a eles se referiu: a crença religiosa, a convicção filosófica e a convicção política. [...] É bom repetir: com essas três excludentes de abusividade (espécie de inviolabilidade material) no exercício da liberdade de manifestação do pensamento e das sempre lembradas atividades artísticas, científica, literária e de comunicação, a Constituição prestigiou três aspectos fundamentais da ontologia humana: o anseio de infinito (que é a busca da religação da criatura ao Criador), a inata curiosidade pela produção de um tipo tão especulativo quanto universalizante do saber (núcleo duro de toda investigação filosófica) e, finalmente, a formulação de doutrinas e teorias que tenham na estruturação e funcionalização otimizadas dos Estados e dos Governos seus específico objeto (fórmula simplificada de compreensão da Política enquanto ciência e enquanto arte de governar). Mas com este acréscimo de ideia: a convicção política de que trata o Código dos Códigos é aquela que materializa o fundamento republicano-federativo de nome "pluralismo político" (inciso V do art. 1º). (BRITTO, 2006, p. 151-152)

O desejo de uma sociedade tolerante, plural, livre e respeitosa não pode servir de motivação para a censura e para restrições indevidas e inconstitucionais à liberdade religiosa. O Constituinte se valeu de boa técnica ao prever as limitações aos direitos fundamentais à liberdade de expressão na própria Constituição. Contudo, em relação à liberdade religiosa, optou por não positivar limitações constitucionais ao seu exercício. Por certo, que qualquer direito fundamental pode sofrer limitações quando oposto a outro direito fundamental. Todavia nesses casos o Estado tem um ônus argumentativo infinitamente maior para fundamentar intervenção no direito fundamental. A ausência de restrições expressas na Constituição não significa uma carta branca para proceder-se com amplas limitações injustificadas a direitos fundamentais. Na prática forense é comum o uso do argumento de que não há direitos absolutos e, portanto, qualquer direito pode sofrer limitações. Normalmente, logo após a afirmação de que não há direito fundamental absoluto, é certo esperar uma intervenção estatal completamente desproporcional, inadequada, com fundamentação deficiente, firmada em princípios e abstrações.

> ...o uso retórico de princípios muito vagos vem sendo um elemento facilitador e legitimador da superficialidade e do voluntarismo. E por que facilitador e legitimador? Porque belos princípios ninguém tem coragem de refutar, e muita gente se sente autorizada a tirar conclusões bem concretas apenas recitando fórmulas meio poéticas (aliás, de preferência muitas delas – como se enfileirar princípios, todos muito vagos, aumentasse a força da conclusão).
> [...]
> É preciso insistir nisto: citar múltiplos, belos e vagos princípios, transcrever páginas e páginas de elogios a eles, manifestar propósitos generosos, nada disso é motivar: é soltar fumaça. (SUNDFELD, 2014, p.225, 229).

Diante de opiniões divergentes, de histórias pelas quais não temos apreço, de religiões que consideramos como atrasadas e ultrapassadas, de pessoas que insistem em professar a sua crença religiosa, seja pelos costumes, pelos ritos, pelas cerimônias, pelas danças, pelas comidas, e pela exposição oral ou escrita, o melhor é calá-las. Para tanto é preciso legitimar a censura, e nada mais apropriado do que justificá-la pela defesa da proibição do discurso de ódio. Afinal, qual é a pessoa ou instituição que vai se associar ou defender um discurso de ódio?

> ... não será a censura ou o poder de opressão do Estado que remediarão os efeitos potencialmente danosos do discurso. Essas são as soluções fáceis, mas passageiras e ineficazes, das questões decorrentes do exercício radical da liberdade de expressão. Em sua sombra está escondido o real problema da limitação inconsequente desse direito: o censor, que pode tanto trabalhar para proteger o fraco e o oprimido, quanto favorecer seus colegas e amigos que sofrem com a crítica mordaz dos meios de comunicação. E como os critérios do censor são inquestionáveis, nunca se sabe onde termina a boa ação e quando tem início o autoritarismo. (LAURENTIIS; THOMAZINI, 2020, p. 2299).

O fenômeno religioso é plural, multifacetado, dinâmico, e diferente, produzindo manifestações culturais, artísticas, costumes, códigos de conduta, os mais diferentes possíveis. A Constituição brasileira positivou a liberdade religiosa como um direito fundamental, e destrinchou em muitos incisos as formas de seu exercício e a sua tutela constitucional. Dentre os muitos elementos da liberdade religiosa está o discurso religioso proselitista, que é uma característica fundamental de muitas religiões mundiais.

> O Estado brasileiro deve ser o Estado laico de um povo religioso; vale dizer, precisa respeitar o patrimônio cultural brasileiro, os bens de natureza material e imaterial, tomados individualmente ou em conjunto, portadores de referência à identidade, à ação, à memória dos diferentes grupos formadores da sociedade brasileira (CF, art. 216). É preciso reconhecer e aceitar a história e a identidade religiosa do povo brasileiro. Expurgá-la em nome de uma mal entendida laicidade, ou de uma necessidade de atender às demandas idiossincráticas, ou mesmo em nome de cientificismos ou antropologismos pretensamente avançados, é agir inconstitucionalmente. Este primeiro limite, pois, evita que o Estado, em nome de uma laicidade mal compreendida, imponha uma ideologia religiosa (mesmo que sob pretextos ateístas ou agnósticos) como política oficial. O cesaropapismo ateu é tão inconstitucional quanto qualquer cesaropapismo religioso, no sistema constitucional brasileiro. (BRANCO; JACOBINA, 2016, p.21).

O critério identificador da discriminação elaborado por Bobbio e utilizado pelo Min. Fachin, nos dois casos analisados, mostrou-se adequado para a tutela da liberdade religiosa e para a tutela da dignidade humana.

Conclui-se que, embora não haja um entendimento consolidado no STF sobre os limites do proselitismo religioso, o critério de Bobbio foi testado e apresentou mais pontos positivos do que negativos. Tendo aptidão para servir de parâmetro adequado para nortear a sociedade no exercício de sua liberdade religiosa e na proteção aos demais direitos fundamentais.

Por certo a investigação sobre o contexto em que o discurso foi proferido, a audiência, a intencionalidade, o alcance, os "alvos" do discurso e outros parâmetros indicados neste livro têm sua relevância. Embora, são secundários. O critério primário e seguro de identificação do discurso discriminatório é o proposto por Norberto Bobbio e aplicado pelo Min. Edson Fachin, como já exposto.

Certo é que o livro não buscou exaurir o tema, muito menos apresentar uma defesa cega de uma teoria. O propósito é mais humilde. Se este livro servir ao menos de objeto de crítica, já cumpriu parte de seu papel, que é fomentar o debate acadêmico e jurisprudencial sobre o tema.

> O pesquisador, dessa forma, não possui razões para temer as críticas que possam ser feitas à sua hipótese inicial. Pelo contrário: ele pode e deve estar aberto ao poder persuasivo dessas críticas. O seu dever não é o de defender a hipótese. E ele não fracassa se, ao final do processo de consideração dos diversos argumentos contrários e favoráveis à sua hipótese, concluir por abandonar a hipótese, ou por endossá-la parcialmente, ou mesmo pela impossibilidade de tomada de um posicionamento acerca do problema sem que considerações outras, externas ao escopo da pesquisa, sejam apreciadas. O compromisso do pesquisador não é com a hipótese, mas com a honestidade das suas próprias convicções, uma vez que elas são progressivamente amadurecidas no confronto com diversos argumentos. (GROSS, 2019, p. 88)

De modo que se espera divulgar o debate sobre a liberdade religiosa no Brasil, bem como sobre o discurso de ódio, oferecendo uma crítica aos votos dos Ministros do Supremo Tribunal Federal que, apesar de não terem a última palavra sobre a interpretação constitucional, representam o órgão de cúpula do judiciário brasileiro e têm por função constitucional oferecer a intepretação correta da Constituição Federal.

CONCLUSÕES

No capítulo segundo dissertou-se sobre a liberdade de expressão e sobre o discurso religioso na Constituição brasileira de 1988. As definições de religião foram apresentadas, bem como a complexa problemática entre a distinção entre religião e seita e sua relevância jurídica. Destacaram-se os âmbitos de proteção e as áreas de regulação da liberdade de expressão e da liberdade religiosa. O relacionamento entre a Igreja e o Estado brasileiro na Constituição de 1988 e a forma correta de compreender o secularismo, a laicidade e a confessionalidade fecharam o capítulo.

No terceiro capítulo enfrentou-se a intrincada questão do discurso de ódio, demonstrando os múltiplos conceitos, as dificuldades semânticas, teóricas e dogmáticas do uso do termo e as formas de regulação e proibição do discurso discriminatório. Tentou-se sistematizar a tutela penal sobre o discurso de ódio no Brasil, bem como apontar qual o local apropriado para resolver conflitos discursivos na sociedade.

O discurso religioso foi abordado no quarto capítulo, com o oferecimento de conceitos basilares sobre o discurso religioso e o discurso religioso proselitista. Procurou-se demonstrar as particularidades do fenômeno religioso e do discurso religioso, defendendo que o proselitismo religioso é elemento nuclear da liberdade religiosa e está presente nas religiões mundiais. Além disso demonstrou-se a distinção entre discursos religiosos e não religiosos.

No quinto capítulo fez-se uma descrição, acrítica, dos casos trabalhados no livro e da votação individualizada de cada um dos ministros do Supremo Tribunal Federal, objetivando apresentar ao leitor os casos e suas particularidades.

No sexto capítulo analisou-se se haveria um critério decisório no STF aplicável para demarcar os limites do discurso religioso proselitista e identificar o discurso discriminatório. O tema da tolerância foi abordado, atestando os seus muitos entendimentos, características e elementos, bem como sua natureza jurídica ou moral, filosófica ou de outra natureza. Fez-se crítica geral à forma de votação, à fundamentação, e a outros problemas encontrados pela doutrina no STF, como também se criticou de maneira individualizada cada voto. O espaço maior foi dado ao voto do Min. Fachin e ao voto do Min. Dias Toffoli, pois representam os votos vencedores em casa um dos casos.

Atestou-se que o STF não tem entendimento plenário sobre o tema e que as suas turmas divergem consideravelmente. Constataram-se alguns equívocos na distinção proposta pelo Min. Dias Toffoli sobre discurso religioso e discurso sobre a religião alheia, que foram objeto de crítica. A diferenciação proposta pelo Ministro não tem base constitucional e amputa importante elemento do direito fundamental à liberdade religiosa, que é o proselitismo religioso. O exercício do direito fundamental à liberdade religiosa e ao proselitismo religioso não pode ser enquadrado como ilegal ou inconstitucional, pelo contrário, o texto constitucional brasileiro tem muitos dispositivos que esmiuçaram o tema da liberdade religiosa, buscando tutelá-los frente a limitações inconstitucionais disfarçadas de concretização da tolerância.

Não há unanimidade nos votos em cada um dos julgados sobre o que seria tolerância, se ela seria um valor moral ou se teria um conteúdo jurídico, bem como qual seria sua definição. Da mesma forma, em apenas alguns votos houve preocupação em conceituar a liberdade religiosa, seus elementos, suas características e o proselitismo religioso.

Concluiu-se que o critério identificador elaborado por Norberto Bobbio e utilizado pelo Min. Edson Fachin é adequado à realidade brasileira e ao texto constitucional pátrio, tendo aptidão para servir de orientador de condutas sociais e de parâmetro decisório em processos que enfrentem questões sobre a liberdade religiosa e o discurso discriminatório. A defesa de um credo feita por uma religião ainda que tenha críticas as demais religiões ou a convicções filosóficas, morais, políticas, sociológicas, ateias e de todos os tipos, é protegida pela liberdade religiosa e pelo direito fundamental ao proselitismo religioso. O limite ao discurso religioso proselitista perfaz-se com o preenchimento do terceiro estágio proposto por Bobbio que seria a tentativa de subjugar, comandar, dominar e exterminar outra pessoa ou grupo. Aqui reside o limite claro de definitivo à liberdade religiosa e ao discurso proselitista religioso.

A cafeteria de Surat, conto de Liev Tolstói (2021) baseado Jacques-Henri Bernardin de Saint-Pierre, relata um diálogo em uma cafeteria na cidade de Surat na índia, entre pessoas religiosas dos mais diversos credos sobre a existência ou não da Divindade. Estavam presentes na cafeteria um teólogo persa que perdeu a fé na existência de Deus, um escravo adorador da "árvore", um Brâmane, adorador de Brama, um judeu, um missionário italiano, um pastor protestante, um turco seguidor de Omar, cristãos abissínios, lamas do Tibete, adoradores do fogo, e um chines seguidor de Confúcio. O breve conto descreve os diálogos entre os religiosos, com cada um defendendo a superioridade e a correção de suas crenças frente as demais, além de tecer críticas a elas. Após grande dissenso entre os presentes na cafeteria um chinês, seguidor de Confúcio, ao ser questionado sobre qual a sua fé, afirma que era o orgulho que impedia a concordância de todos sobre questões relacionadas à fé. A sugestão do Chinês foi para que ninguém desprezasse a crença do próximo, seja religiosa ou não religiosa. O conto se encerra após a fala do Chinês, com o narrador dizendo que não mais discutiram sobre qual fé era a melhor.

Seria o relativismo defendido pelo Chinês a melhor solução para a extinção do dissenso? Pode-se pensar em uso da violência, com a imposição de uma crença sobre as demais. Igualmente, é possível imaginar que a cafeteria de Surat proíba seus clientes de conversarem ou se expressarem sobre suas crenças religiosas. Por fim, um dos clientes pode tentar usar a autoridade do dono da cafeteria para silenciar as crenças religiosas que lhe são contrárias, acusando-as de discurso de ódio, afinal o Brâmane defendeu a superioridade de sua crença e que seus sacerdotes seriam os únicos verdadeiros, além de ter chamado o escravo adorador da "árvore" de "tolo miserável".

Há quem defenda que o ideal seria adotar os parâmetros rígidos de restrição ao discurso de ódio aplicados na Alemanha, outros os parâmetros mais liberais do direito dos Estados Unidos da América. Contudo, há matéria prima brasileira para a construção de uma resposta adequada ao texto constitucional e a realidade brasileira? Defende-se que sim.

O Brasil é uma grande cafeteria de Surat com centenas de credos religiosos, múltiplas manifestações religiosas e não religiosas convivendo, de forma harmônica e pacífica. Certo é que se tem casos e casos de violência física e intolerância religiosa, mas não é a regra e sim a exceção. Caso a cafeteria de Surat proibisse a livre manifestação da crença religiosa e do proselitismo religioso todos os clientes descritos por Tolstói estariam privados de sua plena liberdade religiosa e de expressão, e violados em sua dignidade. Felizmente esse não era o caso.

As manifestações e expressões religiosas antagônicas, contraditórias, e divergentes, isto é a presença do dissenso religioso na sociedade não pode ser visto como algo não democrático, ou a ser erradicado. Por isso, o parâmetro criado por Bobbio, e defendido na doutrina brasileira por André Ramos Tavares (2009) e utilizado como fundamento nuclear pelo Supremo Tribunal Federal (2016) tem a potencialidade de se tornar o modelo brasileiro adequado a realidade brasileira de liberdade religiosa e proselitismo religioso e de identificação do discurso de ódio.

As conclusões deste livro não têm por finalidade exaurir o estudo sobre o tema nem de se tornarem dogmas irrefutáveis. Espera-se contribuir de alguma forma para o debate nacional e para a resolução de conflitos sobre a liberdade religiosa, oferecendo parâmetros e subsídios para a tomada de decisões individuais, institucionais, judiciais, administrativas e legislativas.

REFERÊNCIAS

ABBAGNANO, Nicola. **Dicionário de Filosofia.** Trad. Alfredo Bossi e Ivone Castilho Beneditti. 5º ed. São Paulo: Martins Fontes, 2007.

ADEODATO, João Maurício. **A Retórica Constitucional:** sobre tolerância, direitos humanos e outros fundamentos éticos do direito positivo. 2ªed. São Paulo: Saraiva, 2010.

ADEODATO, João Maurício. Filosofia do Direito e Dogmática Jurídica. **Direito em debate**, Ijuí, v. 4, n.5, p. 38-53, 1995.

ADEODATO, João Maurício; PEREIRA, Caleb Salomão. Ética da Tolerância e seus Inimigos: imprecisão conceitual de pluralismo, permissivismo e relativismo como obstáculo a seus próprios ideais. **Revista Opinião Jurídica**, Fortaleza, ano 17, n.26, p.13-41, set/dez, 2019.

AULETE, F. J. Caldas. **Diccionario Contemporaneo da Língua Portuguesa**. Tomo Segundo. 1879.

ÁVILA, Humberto. A Doutrina e o Direito Tributário. In. Ávila, Humberto (org.). **Fundamentos do Direito Tributário**. Madri: Marcial Pons, 2012, p. 221-245

ÁVILA, Humberto. **Constituição, Liberdade e Interpretação**. 2ª ed. São Paulo: Malheiros, 2021.

BARROSO, Luís Roberto. Colisão entre Liberdade de Expressão e Direitos da Personalidade. Critérios de ponderação. Interpretação constitucionalmente adequada do código civil e da lei de imprensa. **Revista de direito administrativo**. Rio de janeiro, 235, jan/mar, 2004.

BARROSO, Luís Roberto. Da Caverna à Internet: evolução e desafios da liberdade de expressão. **Revista Publicum**. Rio de janeiro, v. 6, n.1, p.1-12, 2020.

BASTOS, Celso Ribeiro Bastos. **Curso de Direito Constitucional**. 22ºed. Revista e atualizada por Samantha Meyer-Pflug. São Paulo: Malheiros, 2010.

BACUR, João Paulo. A Diferenciação Funcional da Religião na Teoria Social de Niklas Luhmann. **Revista brasileira de ciências sociais**, vol.26, n.76, São Paulo, Jun/2011. Disponível em: https://doi.org/10.1590/S0102-69092011000200010 Acesso em 13.04.2021

BERLIN, Isaiah. **Two Concepts of Liberty**. *In* Four Essays on Liberty. Oxford, England: Oxford University Press, 1969, p.118-172.

BIAZI, Chiara Antonia Sofia Mafrica. O conceito de proselitismo na jurisprudência da corte europeia dos direitos humanos: os casos Kokkinakis C. Grécia e Larissis e Outros C. Grécia. **Revista do departamento de ciências jurídicas e sociais da Unijuí**. AnoXXI, n.37, jan-jun, 2012, pp.162-189.

BOBBIO, Norberto. **Teoria do Ordenamento Jurídico**. Tradução de Maria Celeste C. J. Santos. Brasília: Editora Universidade de Brasília, 6ª ed. 1995.

BOBBIO, Norberto. **A Era dos Direitos**. Tradução de Carlos Nelson Coutinho. Nova edição. Rio de Janeiro: Elsevier, 2004.

BOBBIO, Norberto. **O Elogio da Serenidade**: e outros escritos morais. Tradução de Marco Aurélio Nogueira. 2ªed. São Paulo: Unesp, 2011.

BLANCARTE, Roberto. O porquê de um Estado laico. In: LOREA, Roberto Arriada. **Em Defesa das Liberdades Laicas**. Porto Alegre: livraria do advogado editora, 2008.

BRANCO, Paulo Gustavo Gonet; JACOBINA, Paulo Vasconcelos. Liberdade de Gueto? Religião e espaço público. **Revista Direito Público,** Porto Alegre, vol. 13, n. 71, 2016, set/out, p.9-21. Disponível em: https://www.portaldeperiodicos.idp.edu.br/direitopublico/article/view/2753/pdf Acesso em: 10.12.2021

BRAGATO, Fernanda Frizzo; DA SILVA, Bruna Marques. Discursos de ódio: uma análise à luz da colonialidade. **Revista da Faculdade de Direito da UFG**. v, 45, n.1, 2021. DOI: 10.5216/rfd.v45i1.63262. Disponível em: https://www.revistas.ufg.br/revfd/article/view/63262. Acesso em: 20 set. 2021.

BRITTO, Carlos Ayres. O Regime Constitucional do Racismo. In: **Estudos de Direito Público em Homenagem a Celso Antônio Bandeira de Mello**. (Org) FIGUEIREDO, Marcelo; PONTES FILHO, Valmir. São Paulo: Malheiros, 2006, p. 145-163.

BRUNGGER, Winfried. Proibição ou proteção do discurso do ódio? Algumas observações sobre o direito alemão e americano. **Revista de Direito Público**, ano IV, n.15, pp. 114-147, jan./fev./mar. de 2007.

CATROGA, Fernando. **Entre Deuses e Césares**: secularização, laicidade e religião civil – uma perspectiva histórica. 2º ed. Coimbra: Almedina, 2010.

COSTA, Fabrício Veiga; FREITAS, Andrade Érica Patrícia Moreira de. A linha tênue entre o exercício do direito de liberdade religiosa em face do discurso de ódio. **Prisma Jurídico**, São Paulo, v. 16, n. 2, p. 479-503, 2017.

COUTINHO, José Pereira. Religião e outros Conceitos. **Sociologia, Revista da Faculdade de Letras da Universidade do Porto**, vol. XXIV, 2012, p. 171-193.

COURA, Alexandre de Castro; ESCOSSIA, Matheus Henrique dos Santos da. A falácia no direito das minorias: a faceta pragmática a partir do perfil contramajoritário da Corte. **RIL Brasília**, ano.52, n.207, jul/set, 2015, p. 63-80.

COURTIS, Christian. El Juego de Los Juristas. Ensayo de Caracterizacion de la Investigacion Dogmática. In. COURTIS, Christian (Org.). **Observar la Ley: Ensayos Sobre Metodologia de la Investigacíon Jurídica**. Madrid: Trotta, 2006.

DALRYMPLE, Theodore. **Em Defesa do Preconceito:** a necessidade de ter ideias preconcebidas. Tradução de Maurício G. Righi. São Paulo: É realizações, 2015.

DIMOULIS, Dimitri. **Manual de Introdução ao Estudo do Direito.** 4ª ed. São Paulo: Editora Revista dos Tribunais, 2011

DIMOULIS, Dimitri; CHRISTOPOULOS, Dimitri. O Direito de ofender. Sobre os limites da liberdade de expressão artística. **Revista Brasileira de Estudos Constitucionais – RBEC**, Belo Horizonte, ano 3, n.10, p.49-65, Abr/Jun. 2009.

DIMOULIS, Dimitri; MARTINS, Leonardo. **Teoria Geral dos Direitos Fundamentais.** 8ºed. São Paulo: Revista dos Tribunais, 2021.

DUQUE, Marcelo Schenk. **Curso de Direitos Fundamentais**: teoria e prática. São Paulo: Revista dos Tribunais, 2014.

DUTRA, Roberto. A Universalidade da Condição Secular. In. **Revista Religião e Sociedade**, Rio de Janeiro, v. 36, 2016

DUTRA, Roberto; SALES, João R. B. P. de Almeida. Diferenciação funcional e organizações religiosas na modernidade: uma análise teórica com base no pentecostalismo no Brasil. **Revista de Ciências sociais**, Fortaleza, v. 49, n. 2, jul/out, 2018, p.601-656.

DUTRA, ROBERTO; PESSOA, K. . Guerras culturais e a relação entre religião e política no Brasil contemporâneo. **Revista brasileira de história das religiões**, v. 13, p. 233-256, 2021.

DWORKIN, Ronald. **Levando os Direitos a Sério**. Trad. Nelson Boeira. 2ºed. São Paulo: Martins Fontes, 2016.

DWORKIN, Ronald. **O Direito da Liberdade**: uma leitura moral da constituição norte-americana. Trad. Marcelo Brandão Cipolla. São Paulo: Martins Fontes, 2006.

ESPÍNOLA, Hugo. **Tolerância: conceitos, trajetórias e relações com os direitos humanos.** Curitiba: Editora Appris, 2018. E-book.

FADEL, Anna Laura Maneschy. **O Discurso de Ódio é um Limite Legítimo ao Exercício da Liberdade de Expressão?** Uma análise das teorias de Ronald Dworkin e Jeremy Waldron a partir da herança do liberalismo de John Stuart Mill. Rio de Janeiro: Lumen Juris, 2018.

FALSARELLA, Christiane Mina. A liberdade de expressão na jurisprudência da corte interamericana de direitos humanos. **Revista da faculdade de direito UFMG**, Belo Horizonte, n.61, pp.149-173, jul/dez, 2012.

FARIAS, Cristiano Chaves de; ROSENVALD, Nelson. **Curso de Direito Civil:** parte geral e LINDB. 15 ed. Salvador; Juspodivm, 2017.

FERRAZ JR., Tércio Sampaio. **Função Social da Dogmático Jurídica.** 2º. São Paulo: Atlas, 2015.

FERREIRA NETO, Arthur Maria; SOMENSI, Elton. Comentários aos artigos VI, VII, VIII da CF. In. SARLET, Ingo Wolfgang (org). **Direitos Fundamentais: Comentários ao artigo 5ª da Constituição Federal de 1988.** Londrina, PR: Thoth, 2022, e-book.

FILIPPI, Alberto. **La difusíon de la filosofia del derecho y de la filosofia política de Noberto Bobbio em la América Latina y em España.** Tradução de Maria Paz Arrigoni Gonzalez e Nicolás Guzman. Isonomía, n.18, abril, 2003a.

FILIPPI, Alberto. **La difusíon de la filosofia del derecho y de la filosofia política de Noberto Bobbio em la América Latina y em España – Segunda parte.** Tradução de Maria Paz Arrigoni Gonzalez e Nicolás Guzman. Isonomía, n.18, abril, 2003b.

FORST, Rainer. Os Limites da Tolerância. Tradução de Mauro Victoria Soares. Dossiê Tolerância • Novos estudos, **CEBRAP,** n. 84, 2009, p15-229. https://doi.org/10.1590/S0101-33002009000200002

GALLETTI, Alessandro. **Ações Afirmativas**: minorias étnicas, linguísticas e religiosas. Dissertação de Mestrado – Direito. Centro Universitário Eurípedes de Marília – Univem, Marília, SP: 2017.

GUERREIRO, Sara. **As Fronteiras da Tolerância**: liberdade religiosa e proselitismo na convenção europeia dos direitos do homem. Coimbra: Almedina, 2005.

GIL, Antonio Carlos. Como Elaborar Projetos de Pesquisa. 4ª ed. São Paulo: Atlas, 2002.

GROSS, Clarissa Piterman. **Pode Dizer ou Não?** Discurso de ódio, liberdade de expressão e democracia liberal igualitária. Tese de doutorado. Faculdade de direito, Universidade de São Paulo, 2017.

GUTMANN, Amy; THOMPSON, Dennis. O que Significa Democracia Deliberativa. Tradutor: Bruno Oliveira Maciel; Revisor técnico: Pedro Buck. **Revista Brasileira de Estudos Constitucionais – RBEC**, Belo Horizonte, ano 1, p. 17-78, jan/mar, 2007.

HIMMELFARB, Gertrude. **Os Caminhos para a Modernidade**: os iluminismos britânico, francês e americano. Tradução de Gabriel Ferreira da Silva. São Paulo: É realizações, 2011.

HUACO, Marco. A laicidade como princípio constitucional do Estado de Direito. In. LOREA, Roberto Arriada. **Em Defesa das Liberdades Laicas**. Porto Alegre: livraria do advogado editora, 2008.

LAFER, Celso. **Norberto Bobbio:** Trajetória e obra. São Paulo: Perspectivas, 2013.

LAFER, Celso. Prefácio. A Construção do conceito jurídico do discurso de ódio no Brasil. In. **Discurso de ódio:** desafios jurídicos. Coordenação. GOMES, Fabrício Vasconcelos; SALVADOR, João Pedro Faveretto; LUCCAS, Victor Nóbrega. São Paulo: Almedina, 2020.

LAURENTIIS, Lucas Catib de. **A Proporcionalidade no Direito Constitucional:** origem, modelos e reconstrução dogmática. Tese de doutorado. Faculdade de direito, Universidade de São Paulo, São Paulo, SP, 2015.

LAURENTIIS, Lucas Catib; THOMAZINI, Fernanda Alonso. Liberdade de Expressão: Teorias, fundamentos e análise de casos. **Rev. Direito e Praxis**, Rio de Janeiro, v.11, n.4, 2020, p.2260-2301.

LOREA, Roberto Arriada. **Em Defesa das Liberdades Laicas**. Porto Alegre: livraria do advogado editora, 2008.

LUCCAS, Victor Nóbrega; GOMES, Fabrício Vasconcelos; SALVADOR, João Pedro Favaretto. (Coord). **Discurso de ódio: desafios jurídicos**. 1ª ed. São Paulo: Almedina, 2020.

LUCCAS, Victor Nóbrega. **O dilema entre a proteção da liberdade de expressão e o combate ao discurso de ódio**. In. LUCCAS, Victor Nóbrega; GOMES, Fabrício Vasconcelos; SALVADOR, João Pedro Favaretto. (Coord). Discurso de ódio: desafios jurídicos. 1ª ed. São Paulo: Almedina, 2020.

LUCCAS, Victor Nóbrega; GOMES, Fabrício Vasconcelos; SALVADOR, João Pedro Favaretto. **A construção do conceito jurídico de discurso de ódio no Brasil:**

A matriz de variáveis. in. LUCCAS, Victor Nóbrega; GOMES, Fabrício Vasconcelos; SALVADOR, João Pedro Favaretto. (Coord). Discurso de ódio: desafios jurídicos. 1ª ed. São Paulo: Almedina, 2020.

LUHMANN, Niklas. **La Sociedad de la Sociedad**. México: Universidad Ibero Americana/Herder, 2007a.

LUHMANN, Niklas. **La Religion de la Sociedade.** Madrid, Espanha: Editorial Trotta, 2007b.

MACEDO JR., Ronaldo Porto. Freedom of Expression: what lessons shouldwe learn from US experience? Revista Direito, São Paulo, GV, v.13, n.1, jan/abr, 2017. DOI: http://dx.doi.org/10.1590/2317-6172201711

MARIANO, Ricardo. Laicidade à brasileira: católicos, pentecostais e laicos em disputa na esfera pública. **Civitas**, Porto Alegre, vol.11, n. 2, maio-ago, 2011.

MENDES, Gilmar. Colisão de direitos fundamentais: liberdade de expressão e de comunicação e direito à honra e à imagem. Brasília, ano 31, n.122, mai/jul, 1994.

MENDES, Gilmar; BRANCO, Paulo Gustavo Gonet. **Curso de Direito Constitucional**. Série IDP. 14ª Ed. São Paulo: Saraiva, 2019.

MARTINS, Leonardo. Liberdade religiosa e liberdade de consciência no sistema da Constituição Federal. **Revista Brasileira de Estudos Constitucionais** – RBEC, Belo Horizonte, ano 2, n.5, p.27-48, Jan/mar, 2008.

MARTINS, Leonardo. **Liberdade e Estado Constitucional**: leitura jurídico-dogmática de uma complexa relação a partir da teoria liberal dos direitos fundamentais. São Paulo: Atlas, 2012.

MARTINS, Leonardo; DIMOULIS, Dimitri. **Teoria Geral dos Direitos Fundamentais.** 8ºed. São Paulo: Revista dos Tribunais, 2021.

MARTINS, Leonardo. Baiana Evangélicas do Acarajé em face do município de Salvador/BA: um esboço de parecer de *amicus curiae*. In. **Direitos fundamentais, dignidade, constituição: estudos em homenagem a Ingo Wolfgang Sarlet.** (org.). ROTHENBURG, Walter Claudius. Londrina, PR: Thoth, 2021, e-book.

MIRANDA, Jorge. Estado, Liberdade Religiosa e Laicidade. Revista do ministério público do Rio de Janeiro, n.60. abr/jun, 2016.

MOTA, Mariana Munhoz. Liberdade de Expressão, *Hate Speech* e a Corte Europeia de Direitos Humanos (Corte de Estrasburgo). **Publicações da escola da AGU.** Ano 09, n.1, Brasília-DF, jan/mar. 2017.

NAPOLITANO, Carlo José; STROPPA, Tatiana. O Supremo Tribunal Federal e o Discurso de Ódio nas Redes Sociais: exercício de direito versus limites à liberdade de expressão. **Revista brasileira de políticas públicas**, Brasília, v.7, n.3, 2017, pp. 313-332.

NEVES, Marcelo. Pesquisa interdisciplinar no brasil: o paradoxo da interdisciplinaridade. In: **Revista do instituto de hermenêutica jurídica**, v. I, n. 3, Porto Alegre, 2005.

NOGUEIRA, Sidnei. **Intolerância Religiosa**. São Paulo: Sueli Carneiro Editora Jandaira, 2020.

OLIVA, Thiago Dias. **O Discurso de Ódio Contra as Minorias Sexuais e os Limites da Liberdade de Expressão no Brasil.** 2015. Dissertação (Mestrado em Direitos Humanos) – Programa de Pós-Graduação em Direito, Faculdade de Direito, Universidade de São Paulo, São Paulo, 2015.

ORO, Ari Pedro. A laicidade na América Latina: Uma apreciação antropológica. In. LOREA, Roberto Arriada. **Em defesa das liberdades laicas**. Porto Alegre: livraria do advogado editora, 2008.

PANSIERI, Flavio. A Liberdade no Pensamento Ocidental. In. CAMPILONGO, Celso; GONZAGA, Alvaro; FREIRE, André Luiz. (Coords.) Enciclopédia Jurídica da PUC-SP, tomo I, (recurso eletrônico): teoria geral e filosofia do direito. São Paulo: PUC-SP, 2017;

PINTO. Lara de Coutinho. **Proselitismo Religioso e Discurso de Ódio: reflexões sobre os limites da liberdade de expressão religiosa.** Dissertação (mestrado em direito) Programa de pós-graduação em direito, Faculdade de direito, UFPE, Recife/PE, 2019.

RIVERO, Jean. **Liberdades Públicas**. Atualizado por Hugues Moutouh. Tradução Maria Ermantina de Almeida Prado Galvão. São Paulo: Martins Fontes, 2006.

STF. Primeira Turma, **RHC 134.682**, Relator Ministro Edson Fachin, julgamento em 29.11.2016, data de publicação 29.08.2017

STF. Segunda Turma, **RHC 146.303**, Relator Ministro Edson Fachin, Redator para o acórdão Ministro Dias Toffoli, julgamento em 06.03.2018, publicação 07.08.2018

STF. Segunda Turma, **RHC 168353** Agr, Relatora Ministra Cármen Lúcia, Julgamento em 06.08.2019, publicação 19.08.2019

SANTOS, Gustavo Ferreira; FRANCA, N. M. P. A. Liberdade de Expressão e Discurso do Ódio no Brasil. **Revista Direito e Liberdade da Escola da Magistratura do Rio Grande do Norte,** v. 16, p. 227-255-255, 2014.

SANTOS, Milene Cristina. **Intolerância Religiosa:** do proselitismo ao discurso de ódio. Belo Horizonte: DPlácido, 2017.

SCANLON, Thomas M. A Dificuldade da Tolerância. Tradução de Mauro Victoria Soares. Dossiê Tolerância • Novos estudos, **CEBRAP,** n. 84, 2009, p.31-45. https://doi.org/10.1590/S0101-33002009000200003

SGARBI, Adrian. Liberdade: conceitos básicos, teorias, problemas. **Revista Direito, Estado e Sociedade,** n. 35, p.6-27, jul/dez, 2009. DOI: 10.17808/des.35.215

SEGOVIA, Juan Fernando. Qué es Secularización. Verbo (Madrid): **Revista de formación cívica y de acción cultural, según el derecho natural y cristiano,** ISSN 0210-4784, Nº. 541-542, 2016

SILVA, Artur Stamford da. Decisão jurídica e mudança social: para uma sociologia da decisão jurídica. In. **Revista interdisciplinar de sociologia e direito,** v. 11, n. 1, 2010.

SILVA, Artur Stamford da. Sociologia da decisão jurídica: aplicação ao caso da homoafetividade. In. **Revista brasileira de sociologia do direito,** Jul/2014.

SILVA, Artur Stamford da. Sociologia do direito em versus com a dogmática jurídica? **Revista Brasileira de Sociologia do Direito,** v.5, n.1, jan/abr, 2018a

SILVA, Artur Stamford da. Sociologia do Direito em Versus com a Dogmática Jurídica? **Revista Brasileira de Sociologia do Direito,** v.5, n.2, mai./ago, 2018b

SILVA, Artur Stamford da. **Decisão Jurídica na Comunicativação.** São Paulo: Almedina, 2021.

SILVA, José Afonso da. **Comentário Contextual à Constituição.** 6ª ed. São Paulo: Malheiros, 2009.

SARMENTO, Daniel. A Liberdade de Expressão e o Problema do *'Hate Speech'*. RDE. **Revista de Direito do Estado,** v. 4, p. 53-106, 2006.

SARMENTO, Daniel. O crucifixo nos Tribunais e a laicidade do Estado. In. LOREA, Roberto Arriada. **Em Defesa das Liberdades Laicas.** Porto Alegre: livraria do advogado editora, 2008.

SARLET, Ingo Wolfgang. Notas acerca da Liberdade religiosa na Constituição federal de 1988. **Revista Direito UFMS,** Campo Grande, MS – Edição Especial, 102, jan/jun, 2015.

SARLET, Ingo Wolfgang; MARINONI, Luiz Guilherme; MITIDIERO, Daniel. **Curso de Direito Constitucional.** 2ª ed. São Paulo: Revista dos Tribunais, 2013.

SCHAFER, G.; LEIVAS, P. G. C.; SANTOS, R. H. dos. Discurso de ódio – da abordagem conceitual ao discurso parlamentar. **Revista de informação legislativa,** ano 52, n. 207, p. 143-58, jul./set. 2015. Disponível em: <https://www2.senado.leg.br/bdsf/bitstream/handle/id/515193/001049120.pdf?sequence=1 >.

SINNER, Rudolf von. Sakularisierung in globaler Betrachtung Verkundingung und Forschung, vol. 61, n. 2, 2016. (O texto utilizado foi traduzido por Luis Marcos Sander e disponibilizado no site academia.edu, na página do autor. Em nossa pesquisa, fazemos referência à numeração de páginas do texto em português).

SUNFELD, Carlos Ari. **Princípio é Preguiça?** In: Direito Administrativo para Céticos. 2ª. São Paulo: Malheiros, 2014.

TAVARES, André Ramos. O Direito Fundamental ao Discurso Religioso: divulgação da fé, proselitismo e evangelização. **Revista brasileira de estudos constitucionais**, v. 10, p. 17-47, 2009.

TAVARES, André Ramos. **Curso de Direito Constitucional.** 19 ed. São Paulo: Saraiva, 2021.

TOLSTÓI, Liev. **A cafeteria de Surat (segundo Bernardin de Saint-Pierre).** In. De quanta terra precisa um homem? E outras histórias. Traduzido por Patrícia N. Rasmussen. Jandira, SP: Principis, 2021.

TOSI, Guiseppe. **10 Lições Sobre Bobbio**. Petrópolis, RJ: Vozes, 2016.

TOSI, Guiseppe. Religião e Política: três possíveis relações. **Revista *Religare***, v.15, n.2, dezembro de 2018, p. 382-421.

TOSI, Guiseppe. Direitos Humanos: uma retórica vazia? **Revista SymposiuM**. Ano 3. Número especial. Dezembro, 1999.

TOSI, Guiseppe. É possível falar de Deus na época do niilismo? **Trilhas filosóficas**. Caicó, Ano 9, n.1, Jan-jun, 2016, p. 79-99.

TOSTES, Melina Alves. Liberdade Religiosa: Um Estudo Comparativo da Jurisprudência Interna e dos Sistemas Regionais Europeu e Americano de Proteção dos Direitos Humanos. **Revista de Direito Brasileira,** v. 3, p. 77-94, 2012.

VEIGA COSTA, Fabrício; MOREIRA DE FREITAS ANDRADE, Érica Patrícia. A linha tênue entre o exercício do direito de liberdade religiosa em face do discurso de ódio. **Prisma Jurídico,** 2017, Vol.16 (2), p.479-504.

VIEIRA DE ANDRADE, José Carlos. **Os Direitos Fundamentais na Constituição Portuguesa de 1976**. 6ª ed. Coimbra: Almedina, 2019.

VITA, Álvaro de. Sociedade Democrática e Tolerância Liberal. Dossiê Tolerância • Novos estudos, **CEBRAP,** n. 84, 2009, p. 61-81. https://doi.org/10.1590/S0101-33002009000200005

WEINGARTNER, Neto Jayme. **Liberdade Religiosa na Constituição:** fundamentalismo, pluralismo, crenças e cultos. Porto Alegre: Livraria do Advogado, 2007.

WILLIAMS, Bernard. Tolerância: uma questão política ou moral? Tradução de Denílson Luis Werle. Dossiê Tolerância • Novos estudos, **CEBRAP,** n. 84, 2009, p.47-58. https://doi.org/10.1590/S0101-33002009000200004

WUNDERLINCH, Alexandre; ELZ DE LIMA, Camile. Comentários ao artigo XLI da Constituição. In. SARLET, Ingo Wolfgang (org). **Direitos fundamentais: Comentários ao artigo 5º da Constituição Federal de 1988.** Londrina, PR: Thoth, 2022, e-book.